全国“七五”普法学习读本

社区居民以案释法读本

全国“七五”普法学习读本编写组　编

法律出版社
LAW PRESS · CHINA

撰稿人 刘　凝　邱彩霞　樊丽霞
王白云　高丽姣　王清淑

目 录

（四）合同篇 / 106

（一）婚姻篇

1. 一方想离婚，应该去哪个法院起诉？

案例

叶女士与丈夫王某恋爱结婚，婚后二人育有一女。由于王某受封建思想影响，重男轻女思想颇为严重，在生育第一个女儿之后，便不顾“剖宫产四年内，最好别怀孕”的医嘱，威逼利诱叶女士怀孕。但事与愿违，叶女士二胎又产下一名女婴。王某对两个女儿根本不管不顾，只是继续要求叶女士怀孕，直到生出男孩为止。叶女士至此对丈夫心灰意冷，认为二人之间根本无“互爱、互助”等彼此扶养的夫妻感情。现叶女士想知道，如果打算离婚，可以去哪里的法院起诉？

解析

在我国，关于起诉离婚的立案法院，针对不同情况，有不同的规定，具体内容如下：

（1）在通常情况下，适用原告就被告的原则。

①根据《中华人民共和国民事诉讼法》（以下简称《民事诉讼法》）第二十一条的规定，对公民提起的民事诉讼，由被告住所地人民法院管辖；被告住所地与经常居住地不一致的，由经常居住地人民法院管辖。起诉离婚需要到被告户籍地法院起诉离婚，假如被告不在户籍地，那么就要去被告经常居住地法院（公民的经常居住地是指公民离开住所地至起诉时

已连续居住一年以上的地方,但公民住院就医的地方除外)起诉离婚。

②根据最高人民法院《关于适用〈中华人民共和国民事诉讼法〉的解释》(以下简称《民诉解释》)第八条的规定,双方当事人都被监禁或者被采取强制性教育措施的,由被告原住所地人民法院管辖。被告被监禁或者被采取强制性教育措施一年以上的,由被告被监禁地或者被采取强制性教育措施地人民法院管辖。

(2)在特殊情况下,可适用被告就原告的原则。

①根据《民诉解释》第十二条的规定,夫妻一方离开住所地超过一年,另一方起诉离婚的案件,可以由原告住所地人民法院管辖。

②根据《民诉解释》第十六条的规定,中国公民双方在国外但未定居,一方向人民法院起诉离婚的,应由原告或者被告原住所地人民法院管辖。

(3)在具有"涉外"因素的情况下,离婚适用如下规定:

①根据《民诉解释》第十三条的规定,在国内结婚并定居国外的华侨,如定居国法院以离婚诉讼须由婚姻缔结地法院管辖为由不予受理,当事人向人民法院提出离婚诉讼的,由婚姻缔结地或者一方在国内的最后居住地人民法院管辖。

②根据《民诉解释》第十四条的规定,在国外结婚并定居国外的华侨,如定居国法院以离婚诉讼须由国籍所属国法院管辖为由不予受理,当事人向人民法院提出离婚诉讼的,由一方原住所地或者在国内的最后居住地人民法院管辖。

③根据《民诉解释》第十五条的规定,中国公民一方居住在国外,一方居住在国内,无论哪一方向人民法院提起离婚诉讼,国内一方住所地人民法院都有权管辖。国外一方在居住国法院起诉,国内一方向人民法院起诉的,受诉人民法院有权管辖。

④根据《民诉解释》第十六条的规定,中国公民双方在国外但未定居,一方向人民法院起诉离婚的,应由原告或者被告原住所地人民法院

管辖。

⑤根据《民诉解释》第十七条的规定,已经离婚的中国公民,双方均定居国外,仅就国内财产分割提起诉讼的,由主要财产所在地人民法院管辖。

据此,叶女士应当结合自身的具体情况,向相关的人民法院提起离婚诉讼。

2. 夫妻双方户籍地均不在北京,能在北京起诉离婚吗?

案例

陈某和刘某是一对外地来京务工的夫妇,来京务工已有五年,陈某在工地当泥瓦匠,刘某在酒店当领班。由于刘某经常接触各种公司的老总,所以逐渐开始嫌弃当泥瓦匠的陈某,不是抱怨他不赚钱,就是埋怨他的衣着土里土气,总之二人经常为琐事而争吵。老实巴交的陈某也明白自己和刘某之间逐渐产生了距离,在多次争吵之后,陈某觉得再这样过下去,已经没有任何意义。那么他们可以在北京起诉离婚吗?

解析

在我国,根据《民事诉讼法》第二十一条的规定,对公民提起的民事诉讼,由被告住所地人民法院管辖;被告住所地与经常居住地不一致的,由经常居住地人民法院管辖。因此,向人民法院提起离婚诉讼,一般是到被告的户籍所在地起诉离婚。但是,现实中的情况却是,被告往往因为工作、生活、学习等原因,不在户籍所在地,而离婚诉讼又要求被告必须出庭,如果强硬地要求到被告户籍所在地起诉离婚,就不太现实。所以法律对此种情况作了具体的规定,即如果被告不在户籍所在地,原告可以到被告经常居住地人民法院起诉离婚。本案中,陈某是可以在北京提起离婚之诉的。

3.法院判决不准离婚,六个月之后才能再起诉吗?

案例

王女士和丈夫龚先生打了一场离婚官司,其丈夫龚先生不同意离婚,最后法院认为王女士和龚先生还未达到“夫妻感情确已破裂”的地步,所以判决不准离婚。但在王女士接到判决书一个月后,发现龚先生公然和“小三”刘某在外同居,王女士上门和刘某理论,更是闹得邻里皆知。王女士对龚先生彻底失望了,龚先生却依然不同意离婚,因为他得知,法律判决不准离婚的,必须是在六个月之后才能再次向法院提起诉讼,这让王女士很是苦恼。那么王女士这种情况,是否必须到六个月之后才能再次起诉离婚呢?

解析

根据《民事诉讼法》第一百二十四条第(七)项的规定,判决不准离婚和调解和好的离婚案件,判决、调解维持收养关系的案件,没有新情况、新理由,原告在六个月内又起诉的,不予受理。从此规定可以看出,只要有新情况、新理由,便可以在六个月之内向人民法院提起离婚之诉。那么到底什么才是新情况、新理由呢?对此,我们应该从《中华人民共和国婚姻法》(以下简称《婚姻法》)及相关司法解释中寻求答案。因为离婚之诉的诉讼标的是原、被告间所存在的婚姻关系或者原告所享有的对婚姻关系的解除权,诉讼请求则是原告请求法院解除婚姻关系,而《婚姻法》及相关司法解释对何种情况应该解除婚姻关系作出了具体规定,其相关的认定"感情确已破裂"的法律条文,正是婚姻当事人提起离婚之诉的理由。

根据《婚姻法》第三十二条第三款的规定,有下列情形之一,调解无效的,应准予离婚:(1)重婚或有配偶者与他人同居的;(2)实施家庭暴力或虐待、遗弃家庭成员的;(3)有赌博、吸毒等恶习屡教不改的;(4)因感情不和分居满二年的;(5)其他导致夫妻感情破裂的情形。这些情形都属于新情况、新理由。

另外,根据最高人民法院《关于适用〈中华人民共和国婚姻法〉若干问题的解释(三)》[以下简称《婚姻法解释(三)》]第九条的规定,夫妻双方因是否生育发生纠纷,致使感情确已破裂,一方请求离婚的,人民法院经调解无效,应依照《婚姻法》第三十二条第三款第(五)项的规定处理。最高人民法院《关于人民法院审理离婚案件如何认定夫妻感情确已破裂的若干具体意见》规定了视为夫妻感情确已破裂的十四种情形。

本案中,王女士在拿到不准离婚的判决书一个月后,发现丈夫公然与刘某同居,并闹得邻里皆知,由此可知,王女士完全可以在六个月之内,向人民法院再次提起离婚之诉。

4. 丈夫两年不回家,妻子该起诉离婚还是申请宣告其失踪?

案例

赵某是一家国有独资公司的总经理,由于独揽大权,又缺少监管,其经常利用职务之便,侵吞公司的财物。后经过审计部门和纪委的双重审查,赵某的贪污行为东窗事发。虽然赵某的违法行为被公之于众,但他却"悄无声息"地消失了,这一消失,就是两年多。为此赵某之妻胡某想知道像她这种情况,丈夫失踪了两年,是该起诉离婚,还是申请宣告其失踪?

解析

《民诉解释》第二百一十七条明确规定："夫妻一方下落不明，另一方诉至人民法院，只要求离婚，不申请宣告下落不明人失踪或者死亡的案件，人民法院应当受理，对下落不明人公告送达诉讼文书。"根据该条规定，夫妻一方下落不明，另一方没有申请宣告失踪而直接起诉离婚的，人民法院应当受理，并且依法公告送达诉讼文书。本案中，胡某可以直接向法院起诉离婚。

5. 丈夫家暴，妻子如何请求赔偿？

案例

陈某生育了两个女儿，但其丈夫深受"重男轻女"封建思想的毒害，对陈某非常不满意，经常借此打骂陈某，陈某也经常报警，但每次都是调解了事。最近夫妻二人又因为"生男生女"的问题，发生了激烈的争吵，陈某的丈夫又殴打了陈某，导致陈某遍体鳞伤。陈某想与丈夫离婚，她该如何提起因家庭暴力而导致的损害赔偿之诉？

解析

根据最高人民法院《关于适用〈中华人民共和国婚姻法〉若干问题的解释(一)》[以下简称《婚姻法解释(一)》]第三十条的规定，人民法院受理离婚案件时，应当将《婚姻法》第四十六条等规定中当事人的有关权利义务，书面告知当事人。在适用《婚姻法》第四十六条时，应当区分以下不同情况：

(1)符合《婚姻法》第四十六条规定的无过错方作为原告基于该条规

定向人民法院提起损害赔偿请求的,必须在离婚诉讼的同时提出。

(2)符合《婚姻法》第四十六条规定的无过错方作为被告的离婚诉讼案件,如果被告不同意离婚也不基于该条规定提起损害赔偿请求的,可以在离婚后一年内就此单独提起诉讼。

(3)无过错方作为被告的离婚诉讼案件,一审时被告未基于《婚姻法》第四十六条规定提出损害赔偿请求,二审期间提出的,人民法院应当进行调解,调解不成的,告知当事人在离婚后一年内另行起诉。

根据最高人民法院《关于适用〈中华人民共和国婚姻法〉若干问题的解释(二)》[以下简称《婚姻法解释(二)》]第二十七条的规定,当事人在婚姻登记机关办理离婚登记手续后,以《婚姻法》第四十六条规定为由向人民法院提出损害赔偿请求的,人民法院应当受理。但当事人在协议离婚时已经明确表示放弃该项请求,或者在办理离婚登记手续一年后提出的,不予支持。

所以,因家庭暴力而导致的离婚损害赔偿,原告必须是在提起离婚之诉之时提起,如果不提起离婚之诉,而只是单独提起损害赔偿之诉的,法院不予受理。本案中,陈某如果想获得离婚损害赔偿,必须在提出离婚之诉之时提起,否则法院将不予受理。

家庭暴力,是指家庭成员之间以殴打、捆绑、残害、限制人身自由以及经常性谩骂、恐吓等方式实施的对身体、精神的侵害行为。2015 年 3 月,最高人民法院、最高人民检察院、公安部、司法部印发《关于依法办理家庭暴力犯罪案件的意见》的通知,以积极预防和有效惩治家庭暴力犯罪,加强对家庭暴力被害人的刑事司法保护。2015 年 12 月 27 日,十二届全国人大常委会第十八次会议表决通过了《中华人民共和国反家庭暴力法》(以下简称《反家庭暴力法》)。作为中国第一部反家暴法,该法于2016 年 3 月 1 日起施行。

6. 丈夫在离婚时故意转移财产，妻子可否要求赔偿？

案例

谷某和江某结婚七年，平日里两人之间总是因为一点小事就争吵不休，时间一长，两人之间的感情已经岌岌可危。江某认为自己的婚姻已经走到了尽头，便向谷某提出离婚。但谷某认为他们正处于“七年之痒”的阶段，吵架拌嘴很正常，所以不同意离婚。于是两人又在磕磕绊绊的节奏中，一起生活了半年。有一天，谷某突然向江某提出了离婚的要求。就在江某着手办理离婚手续之时，突然得知谷某上个月买彩票中了一等奖，数额有四百万元之多。可江某去银行查了谷某的银行账户，发现账户上面的四百万元奖金，早已被取走。丈夫在离婚时故意转移财产，妻子可否要求赔偿？

解析

依据我国《婚姻法》第四十七条的规定，离婚时，一方隐藏、转移、变卖、毁损夫妻共同财产，或伪造债务企图侵占另一方财产的，分割夫妻共同财产时，对隐藏、转移、变卖、毁损夫妻共同财产或伪造债务的一方，可以少分或不分。离婚后，另一方发现有上述行为的，可以向人民法院提起诉讼，请求再次分割夫妻共同财产。本案中，江某可以向法院提出多分财产的诉求，以此惩戒谷某转移财产的行为。

7. 如何确定离婚诉讼中精神损害赔偿的数额？

案例

华某和丈夫金某结婚十余载。华某长期遭受丈夫家暴，为此她和金某已经分居,但金某依然骚扰她,并且在一次争执中,将她打伤住院。对此,华某下决心和金某离婚,并打算要求对方赔偿精神损害。华某该如何确定离婚诉讼中的精神损害赔偿的数额?

解析

最高人民法院《关于确定民事侵权精神损害赔偿责任若干问题的解释》提出了确定精神损害赔偿数额的六个因素:(1)侵权人的过错程度,法律另有规定的除外;(2)侵害的手段、场合、行为方式等具体情节;(3)侵权行为所造成的后果;(4)侵权人的获利情况;(5)侵权人承担责任的经济能力;(6)受诉法院所在地平均生活水平。这六个因素具体运用到婚姻家庭领域,法官一般做法是根据过错方侵害的手段、场合、行为方式,对受害人造成的损害程度,过错方承担责任的经济能力,以及当地的平均生活水平这些因素来确定过错方的赔偿金额。在审理案件中,法官重点考察过错方实施行为的多少,时间的长短,手段的恶劣程度、公开度,以及对受害方的精神损害程度、对受害人肉体所造成的伤害程度及当地的平均生活水平。

在离婚之诉中,为了更好地保障受伤害一方的利益,法律赋予了该方提起离婚损害赔偿的权利,那么对于确定精神损害赔偿的数额,可以从以下几点考虑:

(1)加害方的过错程度。加害方过错严重的,给受害人造成的情绪方面的伤害、造成的精神方面的伤害严重的,都应酌情增加抚慰金的数额,如果加害方只是有轻微的过失行为,抚慰金也可以相应地减少。

(2)精神受损害的程度。即受害人所遭受精神伤害和精神痛苦的程度,如是否出现了恐惧、焦虑、愤怒、沮丧、悲哀等情绪方面的障碍,是否因精神和感情受到损害导致身体方面出现疾病,是否伴有抑郁、恍惚且影响生活、工作,是否患上精神类疾病等。由于受害方受到的损害结果涉及人身和精神两方面,必要时,还可以委托第三方做相应的鉴定。

(3)侵权损害的具体情节。比如家暴的伤害情节、重婚和同居的恶劣程度等。

(4)受诉人民法院所在地的平均生活水平。请求的具体数额应当与当地经济条件、生活水平相适应。如在生活水平高的地方,法院会支持的精神损害赔偿金额相对高些;在经济不发达的地方,自然就相对低些。

离婚损害赔偿金额可由夫妻双方协商,协商不成时,由法官酌定判决。离婚损害赔偿金的给付方式,也可由夫妻双方协商,协商不成时,由人民法院判决。离婚损害赔偿金原则上应一次性给付,但一次性给付确有困难的,也可分期给付。通过分期方式给付的,经权利方请求,法院可责令义务方提供抵押物或约定保证人,以保证给付义务的履行。

8. 被家暴,是否可以申请人身安全保护令?

案例

王某曾是某幼儿园的老师,在和某企业老板陈某结婚之后,便成为全职主妇,在家相夫教子。很多人都羡慕王某,但外人不知道的是,虽然陈某的经济条件不错,但却有家暴的恶习,平时动不动就对王某拳打脚踢,还曾经导致王某流产。王某认为自己已经和陈某过不下去了,准备离婚,并要求陈某赔偿。她担心陈某继续对自己实施家暴,为了自身安全,想申请人身安全保护令。

解析

根据《反家庭暴力法》第二十三条的相关规定，当事人因遭受家庭暴力或者面临家庭暴力的现实危险，向人民法院申请人身安全保护令的，人民法院应当受理。当事人是无民事行为能力人、限制民事行为能力人，或者因受到强制、威吓等原因无法申请人身安全保护令的，其近亲属、公安机关、妇女联合会、居民委员会、村民委员会、救助管理机构可以代为申请。据此可知，王某完全可以向人民法院申请人身安全保护令。

申请人身安全保护令应当以书面方式提出；书面申请确有困难的，可以口头申请，由人民法院记入笔录。作出人身安全保护令，应当具备下列条件：(1)有明确的被申请人；(2)有具体的请求；(3)有遭受家庭暴力或者面临家庭暴力现实危险的情形。

人民法院受理申请后，应当在七十二小时内作出人身安全保护令或者驳回申请；情况紧急的，应当在二十四小时内作出。

人身安全保护令可以包括下列措施：(1)禁止被申请人实施家庭暴力；(2)禁止被申请人骚扰、跟踪、接触申请人及其相关近亲属；(3)责令被申请人迁出申请人住所；(4)保护申请人人身安全的其他措施。

人民法院作出人身安全保护令后，应当送达申请人、被申请人、公安机关以及居民委员会、村民委员会等有关组织。人身安全保护令由人民法院执行，公安机关以及居民委员会、村民委员会等应当协助执行。

9. 离婚案件中，夫妻一方是否可以申请法院调查取证？

案例

张某与李某婚后常因琐事引发争吵，二人觉得结合在一起，本身就是一种错误，既然不能好好相处，不如趁早分手，于是二人准备离婚。但二人对于如何分割财产一直争执不下，李某认为张某转移了很大一部分共同财产，而张某对此予以否认。李某是否可以申请法院调查取证？

解析

“打官司，就是打证据”，一起诉讼胜败的关键往往在于证据是否确实充分。但是在司法实践中，由于各种原因，诉讼当事人往往会面临取证难的问题，此时就需要申请法院调查取证。根据《民诉解释》第九十四条第一款和最高人民法院《关于民事诉讼证据的若干规定》第十七条的规定，符合下列条件之一的，当事人及其诉讼代理人可以申请人民法院调查收集证据：

(1)申请调查收集的证据属于国家有关部门保存，当事人及其诉讼代理人无权查阅调取的；

(2)涉及国家秘密、商业秘密、个人隐私的材料；

(3)当事人及其诉讼代理人确因客观原因不能自行收集的其他材料。

根据《民诉解释》第九十四条第二款和最高人民法院《关于民事诉讼证据的若干规定》第十八条、第十九条的规定，当事人及其诉讼代理人申请人民法院调查收集证据，应当提交书面申请。申请书应当载明被调查人的姓名或者单位名称、住所地等基本情况，所要调查收集的证据的内容，需要由人民法院调查收集证据的原因及其要证明的事实。当事人及其诉讼代理人因客观原因不能自行收集证据的，可以在举证期限届满前书面申请人民法院调查收集。

本案中，李某获取张某转移财产的证据，涉及上述情形的，如张某银行转账记录、房屋过户记录、股票等财产的买卖记录等均由银行、金融、房屋管理部门保管，普通人很难获取相关记录，因此李某作为配偶一方，在离婚诉讼中可以申请法院调查取证。

10. 什么情况下构成重婚罪?

案例

王某偶然得知丈夫祝某在外包养了“小三”胡某,且胡某已经怀了身孕。这对王某来说犹如晴天霹雳,后来王某又得知祝某已经在朋友圈公开宣称他和胡某是夫妻,早已和王某离了婚。此时的王某感到的不再是“霹雳”,而是羞辱。本案中,王某要证明丈夫祝某重婚需要满足什么条件?

解析

重婚罪,指的是有配偶者又与他人结婚或者明知道他人有配偶而与之结婚的犯罪行为。证明对方犯有重婚罪,需要具备以下条件之一:

(1)与配偶登记结婚,又与他人登记结婚而重婚,即存在两个法律婚而重婚。

(2)与原配偶登记结婚,进而又与他人虽然没有进行婚姻登记,但对外以夫妻关系而同居生活,且周围邻居皆认为二人是夫妻的。

(3)虽然没有配偶,但明知对方有配偶而与之登记结婚或者对外以夫妻名义同居生活,且周围邻居皆认为二人是夫妻的。

本案中,王某如果想证明丈夫祝某犯有重婚的事实,必须举证证明上述事实存在。

11. 婚后一方父母出资首付买房,房子是一方个人财产吗?

案例

张某和李某婚后,由张某的父母出资在北京为小两口买了房子,房子登记在张某名下,小两口共同还贷,张某的父母和他们一起住。不久,李某意外流产,情绪抑郁,而张某父母只一味催促李某再要孩子。婆媳关系紧张,导致夫妻关系恶化。李某遂于2017年8月向张某提出了离婚。张某表示,离婚可以,但是房子得归他所有。张某认为,新的《婚姻法》司法解释规定,婚后其父母给他们出的首付买的房子登记在他一个人名下,应为其个人财产。而李某认为,婚后购买的房子,双方共同还贷,即使登记在一方名下,也应为夫妻共同财产。两人无法协商一致,李某便起诉至法院,要求分割房产。这套房子是夫妻共同财产,还是张某的个人财产?

解析

该房屋应为夫妻双方婚后取得的共同财产。理由在于:(1)该房屋系双方婚后购买,并登记在男方名下,且双方在此共同居住生活,表明购买该房屋的目的是为双方共同居住;(2)男方父母虽然支付了首付款,但交纳首付款人并非房屋所有权人,故男方父母无权将房屋赠与男方;(3)双方共同偿还房屋贷款,说明女方对房屋亦有投入,仅因男方父母支付首付款而认定房屋所有权人为男方,不符合公平原则,亦无法得到普遍的社会认同;(4)《婚姻法解释(三)》第七条规定的"婚后一方父母出资为子女购买的不动产",指的是全资购买的不动产,而非仅仅支付首付款。

根据公平保护的立法意图,在确认不动产所有权时,应当对《婚姻法解释(三)》第七条第一款的规定作严格解释。即该条规定的婚后父母对子女赠与的标的物应指不动产,而非出资。也就是说,双方结婚后,只有一方父母通过全资购买取得了不动产的所有权,并将不动产登记在自己子女名下时,方可适用本条规定。而对于父母部分出资的情形,因为此时父母并未支付购买房屋的全部对价,尚未取得房屋的所有权,从而无权决定将房屋赠与自己子女并将房屋登记在自己子女名下。

因此,婚后一方父母支付首付款为子女购买不动产,产权登记在出资人子女名下,但由夫妻共同偿还贷款的情形,不适用《婚姻法解释(三)》第七条第一款的规定,该房屋无论登记在夫妻任何一方的名下,都应视为夫妻共同财产,在离婚时应予以公平分割。

对于一方父母部分出资,房屋登记在夫妻双方名下的情形,无疑应认定为赠与双方。对于登记在对方名下的情形,由于夫妻婚后获赠财产原则上应当属于共有,所以不能认定为是登记一方的个人财产,同样应当认定为赠与双方,是共同财产,除非有仅赠与一方个人的确切证据。因此,一方父母部分出资购买房屋,不动产权证登记在对方或双方子女名下的,房产性质仍为夫妻共同财产,但具体分割时应根据整体案情,结合不同的登记情况,综合把握。

本案中,该房屋应属于张某和李某的共同财产,但是在分割时应考虑到父母出资的情况,根据实际情况来作出判决。

12. 婚后一方父母全款出资为自己子女买房,属于夫妻共同财产吗?

案例

吴某是北京一所著名高校的学生,在大二暑假实习期间结识了一家公司的总经理江某。江某刚刚研究生毕业,年轻有为。两个人通过工作的接触渐渐相互产生了好感。2012 年吴某大学没毕业就和江某登记结婚,打算毕业后补办婚礼。结婚之后,江某的父母出资全款为小两口购买了北三环的两居室作为婚房,登记在江某个人名下。吴某还沉浸在幸福中,不料结婚不到半年,他们的婚姻就出现了问题。结婚之后,江某的事业一直不顺利，回家经常因为一些琐事和吴某发生争吵，两个人互不相让。最后愈演愈烈，江某认为是吴某导致了自己事业的失败，于是向吴某提出了离婚，吴某觉得这个婚姻就像是一个天大的笑话，无法接受这个荒唐的理由。江某向法院提起了诉讼，只同意分割婚姻期间的工资收入，认为房子是其个人财产。那么，这套房子和吴某有关系吗？

解析

根据《婚姻法解释(三)》第七条的规定，婚后由一方父母出资为子女购买的不动产，产权登记在出资人子女名下的，可按照《婚姻法》第十八条第(三)项的规定，视为只对自己子女一方的赠与，该不动产应认定为夫妻一方的个人财产。

本案中，江某的父母在江某与吴某婚后全款出资购买了房子，并登记在江某一人名下，该房屋应视为对江某的个人赠与，属于江某的个人财产，与吴某没有关系。

13. 婚前一方付首付购买房产，婚后共同还贷，离婚时如何计算补偿款？

案例

马某是一个任何事情都打理得很好的人。大学毕业以后，马某向父母借了钱，在大城市付首付买了房子。马某和余某结婚之后，就有了小孩。生活一直都按照他的规划进行着。这一切都有了，他开始觉得生活没有目标，没有乐趣，于是染上了赌博的恶习。余某和马某谈了无数次，但马某屡教不改。余某无奈，不希望孩子从小受父亲的不良影响，提出了离婚。马某同意余某抚养孩子，但是主张房子归自己。余某要求马某对其作出补偿,那么补偿的数额是多少呢?

解析

根据《婚姻法解释(三)》第十条的规定,夫妻一方婚前签订不动产买卖合同,以个人财产支付首付款并在银行贷款,婚后用夫妻共同财产还贷,不动产登记于首付款支付方名下的,离婚时该不动产由双方协议处理。依前款规定不能达成协议的,人民法院可以判决该不动产归产权登记一方,尚未归还的贷款为产权登记一方的个人债务。双方婚后共同还贷支付的款项及其相对应财产增值部分,离婚时应根据《婚姻法》第三十九条第一款规定的原则,由产权登记一方对另一方进行补偿。

那么具体该如何计算呢?产权登记一方对另一方进行房屋补偿的计算公式为:房屋补偿款 = 夫妻共同支付款项(包括本息) ÷ (房屋购买价 + 全部应付利息) × 房屋评估现值(或夫妻认可的房屋现值) × 50%。需要说明的是,在这个公式中,并未考虑一方在婚前购房以后、结婚以前这段时间房屋的增值。

上述计算标准是离婚时夫妻分割财产的一般标准,所以并不能生搬硬套,实践中也并不是完全按照公式来计算的,公式仅作为一个参考。应根据实际案件情况,综合考虑购房与结婚时间、为购房支付的税费等各项支出、照顾妇女及子女权益等多种因素,充分保护双方当事人利益,酌情判定补偿数额。

14. 同居期间购买的房屋如何分割?

案例

李某和张某从恋爱到同居,一起在上海生活了五年,但是两个人谁都没有提过要结婚。上海的房价日益高涨，李某攒了些积蓄，于是和张某商量在上海买一套房子。随后，李某和张某加入了买房大军，房价一天一个变化，促使两个人很快就做出了决定，买了一套二手房。虽然购房款都是李某出的，但是他还是决定把房子登记在两个人的名下。

两个人的日子并没有因为购买了房子而越来越好。有一天，张某告诉李某，她要结婚了，男方是单位的同事。她一直在等待李某向她求婚的那一天，可是李某从来都没有这个意思。张某希望自己的后半生可以有安全感，有人可以依靠，而不是仅仅靠一套房子。张某提出要分割房子，李某反对。同居期间买的房子该属于谁呢？

解析

在恋爱同居期间一方全部出资或大部分出资买房，房屋登记在双方名下，但是双方并未登记结婚而是分手了，对于该房产的纠纷则应按照解除同居关系的原则处理。

通常情况下，男女双方未办理结婚登记亦不以夫妻名义同居生活的，同居关系解除后要求分割同居期间共同劳动、共同经营管理所得的财产，有约定从约定，无约定且财产混同的，可推定为按份共有，具体份额比例可依据双方同居时间、各自的贡献、生活习惯等确定。

2007 年 9 月 20 日上海市高级人民法院《关于审理分家析产案件若干问题的意见》第五条规定，恋爱期间共同购房，一方未出资但产权登记为两人共有，析产分割处理。从不动产登记的角度分析，房屋已经确定为恋爱双方共有。双方终止恋爱关系后分割共有财产，符合重大理由需要分割的情形。共有关系终止时，对共有财产的分割，有协议的按协议处理；没有协议的，应当考虑共有人对共有财产的贡献大小，适当照顾共有人生产、生活的实际需要等情况，合理确定未出资方的份额，一般以百分之十到百分之三十的份额为宜。

本案中,因李某和张某在恋爱同居期间购买了房子,虽然是李某个人出资,但是登记在双方名下,属于双方的共同财产。所以根据实际情况,结合上海市高级人民法院的上述意见,张某也能分得百分之十到百分之三十的房产份额。

15. 经济适用房在离婚时如何分割?

案例

居住在北京的吴某和马某是一对普通夫妻,生活条件一般,于是申请了经济适用房,并且非常幸运地轮候到一套房子。2012 年 3 月,双方共同出资购买了房子,购房价格 30 万元,因为申请人是吴某,所以房屋就登记在他的名下。后两人因为感情不和离婚,但是对于该套经济适用房,无法达成一致意见。吴某认为,该房屋还不能上市进行交易,不能进行分割;而马某认为,房子属于夫妻共同财产,应该一人一半。请问该房屋是否应该平均分割?

解析

经济适用房指的是已经被列入国家计划,由当地的城市政府组织房地产开发企业或者集资建房单位建造,以极低的价格向城镇中低收入家庭出售的房屋。它既是带有保障性质的商品住宅,又是一种为解决低收入人群住房问题的政策性安排。虽然经济适用房具有一定的特殊性质,比如在买卖上,一般会有一定的时间限制,但在本案中,它是利用夫妻共同财产在婚后购买的房屋,因此属于夫妻共同财产。所以在离婚时可以进行分割。

保障性住房带有很强的政策属性。以北京的经济适用房为例,根据北京《关于已购经济适用住房上市出售有关问题的通知》的规定，以2008年4月11日为分水岭，采用“新房新办法，老房老办法”的政策，即经济适用房未满五年都不得上市交易，满五年后补交价款方可上市，但2008年4月11日之后的经济适用房在出售时需补交金额为购房时价格和出售时同地段、房屋状况相似商品房价差的百分之七十；2008年4月11日之前的则按成交价的百分之十补交土地收益等价款。但还有例外情形，北京34项重点工程的被拆迁户，再次上市销售经济适用房，只要房屋产权证满五年、取得契税完税凭证，签订购买经济适用房合同的日期即使过了新老办法的分界点，仍执行老办法，享受“成交价百分之十”的待遇。

该案审理过程中，经女方申请，法院委托评估公司对上述房屋价值进行了评估。评估结论为：房产价值130万元，在取得契税完税凭证或房屋所有权证满五年后，可以按市场价出售，但应按原购房价格和出售价格价差的百分之七十补交土地收益款，实际补交的土地收益款以交接时的价格为准，此次估价结果未扣除此费用。该房屋房产证登记时间为2012年3月15日，当时尚不具备满五年上市交易的时限要求。法院生效裁判认为，房屋系双方共同财产，评估结论中指明房屋出售价格应当按原购房价格和出售价格价差的百分之七十补交土地收益款，而估价结果未扣除此费用，所以法院确定房屋交易价值时应对此予以扣除。根据查明的事实，诉争房屋归男方所有为宜，由其给付女方折价款，具体数额综合房屋属性、居住价值、新购房成本等因素依法酌定，最终确定男方给付女方折价款36万元。本案中，法官考虑双方对房屋的各自贡献、过错，房屋的面积、与市场价的差额等因素，最后将房屋判归吴某，酌情以扣除土地收益款后评估价的百分之六十，即[130－(130－30)×70%]×60%计算出折价款给马某。

因此，经济适用房并不是按照市价来直接平均分割的，需要考虑土地收益款的扣除，也应考虑照顾女方的原则以及新购房成本等因素来分割。

16. 婚后共同购买一方婚前承租的公有住房,离婚时该房屋是否可以进行分割?

案例

刘某是一家国有企业的员工,工作多年分了一套租赁房。后来经人介绍认识了现在的妻子胡某。两个人结婚以后继续承租该房屋,后由于国家政策变化,单位职工可以成本价购买房子。刘某和胡某便用共同的积蓄购买了该房屋,并登记在刘某名下。几年之后,两人因感情不和闹离婚,但对该房屋是否为夫妻共同财产产生了分歧。胡某认为婚姻关系存续期间共同购买的房子属于夫妻共同财产,刘某则认为这是单位的福利分房,比市场上房屋的价格低很多,不能属于夫妻共同财产。那么,刘某婚前承租的这套公有住房是否属于夫妻共同财产呢?

解析

公房都是以分配的方式分给本单位的职工居住,随着住房制度的改革,单位逐渐按照房屋的成本价售房给本单位的职工。为了加快房改的进程,北京市鼓励一些单位按照市场价格来出售公有住房。2001年北京市国土资源和房屋管理局与北京市人民政府住房制度改革办公室联合发布了《关于单位按市场价向职工出售公有住房有关问题的通知》。

现实生活中,由于国家政策的改变,很多以前由个人承租的公房,如今已变更为承租人个人所有的房屋。由于历史原因,大多数房屋又登记在福利单位职工的名下,所以出现离婚诉讼之时,关于该房屋是否属于夫妻共同财产的纠纷便多了起来。鉴于此,国家为了避免争议,明确权属,对本案中的争议进行了明确的规定。根据《婚姻法解释(二)》第十九条的规定,由一方婚前承租、婚后用共同财产购买的房屋,房屋权属证书登记在一方名下的,应当认定为夫妻共同财产。本案中,胡某当然可以对该房屋主张权利。

17. 婚后出资购买一方父母的房改房,离婚时能否分割?

案例

张某和李某与张某的父母一直生活在一起,住在张父单位分的一套福利房里。后来开始房改,张某的父母没有钱,于是张某和李某用夫妻共同财产6万元帮张父购买房改房,因为政策的限制,房屋只能登记在张父的名下。多年后,因为张某有了外遇,导致夫妻感情破裂,离婚时,李某提出要求分割张父名下的房改房。张某认为房子是父亲的,无权分割。请问,这套房子李某可以分得相关的权益吗?

解析

房改房指的是带有福利性质的政策性房屋,购买房改房的职工通常均享有工龄的折扣、支付欠款的折扣、税收等方面的优惠待遇,也正是因为上述优惠待遇,房改房的转让和普通商品房相比,就有可能受到政策法规方面的限制。依据《婚姻法解释(三)》第十二条的规定,婚姻关系存续期间,双方用夫妻共同财产出资购买以一方父母名义参加房改的房屋,产权登记在一方父母名下,离婚时另一方主张按照夫妻共同财产对该房屋进行分割的,人民法院不予支持。购买该房屋时的出资,可以作为债权处理。本案中,张某和李某离婚之时,无法分割该房改房,只能另案按照债权处理。

18. 一方的残疾赔偿金是否为夫妻共同财产?

案例

裴某是某国有企业的架子工,经常攀登高处作业,为此家里人没少担心他的安危,可悲剧还是发生了。在一次作业的过程中,裴某不慎从高空跌落,造成身体多处伤害,构成七级伤残,后获得残疾赔偿金28万元。现在裴某的妻子徐某嫌裴某丧失部分劳动能力,决定和裴某离婚,不仅如此,徐某还想瓜分裴某的28万元赔偿金。那么,夫妻共同财产中是否包括残疾赔偿金?

解析

在我国,残疾赔偿金指的是对受害人因人身遭受伤害致残,从而丧失了全部或者部分劳动能力的财产赔偿。那么残疾赔偿金是否属于夫妻共同财产呢?根据《婚姻法》第十八条的规定,有下列情形之一的,为夫妻一方的财产:(1)一方的婚前财产;(2)一方因身体受到伤害获得的医疗费、残疾人生活补助费等费用;(3)遗嘱或赠与合同中确定只归夫或妻一方的财产;(4)一方专用的生活用品;(5)其他应当归一方的财产。本案中,裴某取得的残疾赔偿金应为其个人财产。

19. 对于夫妻一方在有限责任公司的出资额,离婚时另一方是否可进行分割?

案例

朱某是一位彩民,一直梦想着能中大奖,终于有一天得到上天眷顾,朱某中了200万元大奖,这让朱某终于有种实现梦想的感觉。获奖后,朱某并未失去理智,而是理性地思考该如何使用这来之不易的“梦想”,创立一番事业。通过半年的考察,朱某认为目前投资网游公司,比较容易赚钱,于是找了几位志同道合的朋友成立了一家以开发网络游戏为主的科技有限公司。朱某出资100万元。后由于朱某和妻子余某感情不和,二人决定离婚,但关于处理朱某在该有限责任公司的出资问题犯了难。以一方名义在有限责任公司的出资额,在离婚时该如何处理?

解析

在我国,人民法院审理离婚案件,涉及分割夫妻共同财产中以一方名义在有限责任公司的出资额,另一方不是该公司股东的,根据《婚姻法解释(二)》第十六条的规定,按以下情形分别处理:

(1)夫妻双方协商一致将出资额部分或者全部转让给该股东的配偶,过半数股东同意、其他股东明确表示放弃优先购买权的,该股东的配偶可以成为该公司股东;

(2)夫妻双方就出资额转让份额和转让价格等事项协商一致后,过半数股东不同意转让,但愿意以同等价格购买该出资额的,人民法院可以对转让出资所得财产进行分割。过半数股东不同意转让,也不愿意以同等价格购买该出资额的,视为其同意转让,该股东的配偶可以成为该公司股东。

用于证明前款规定的过半数股东同意的证据,可以是股东会决议,也可以是当事人通过其他合法途径取得的股东的书面声明材料。

本案中,如果朱某经过半数股东的同意,可以把出资额的部分或者全部转让给余某。

20.夫妻一方转移财产，离婚后另一方是否还能提起诉讼？

案例

陈某是一位成功的商人，可自从陈某有了钱以后，就开始嫌弃妻子何某，于是何某决定离婚。由于何某在生活条件变好以后，已经成为一位全职太太，多年没有过问陈某的公司经营状况，因此在离婚分割财产的时候，一向单纯的何某，并没有质疑夫妻共同财产的多少，就和陈某在法院的判决下离婚了。可离婚后，何某忽然听见相识多年的一位朋友告知，陈某为了和何某离婚，已经在离婚前偷偷转移了一大笔财产，并将相关证据都交给了何某。本案中何某在离婚后应如何请求分割离婚时一方转移的夫妻共同财产？

解析

根据《婚姻法》第四十七条的规定，离婚时，一方隐藏、转移、变卖、毁损夫妻共同财产，或伪造债务企图侵占另一方财产的，分割夫妻共同财产时，对隐藏、转移、变卖、毁损夫妻共同财产或伪造债务的一方，可以少分或不分。离婚后，另一方发现有上述行为的，可以向人民法院提起诉讼，请求再次分割夫妻共同财产。因此，何某应当拿起法律的武器，继续向人民法院起诉，要求再次分割被陈某转移的夫妻共同财产。同时，人民法院对前款规定的妨害民事诉讼的行为，依照《民事诉讼法》的规定予以制裁。

21. 名贵首饰等奢侈品在离婚诉讼中可以分割吗?

案例

秦某是一家投资公司的理财经理,由于眼光独到、专业知识扎实,所以拥有大量的客户群,因此其收入也颇丰。秦某为了更好地向客户推荐自己,为自己购置了三十多万元的汽车、数万元的名牌手表,以及名贵首饰,作为自己日常工作和生活的专用品。此外秦某还有洁癖,上述物品,连妻子都不让碰。后由于秦某出轨,和妻子感情彻底破裂,二人决定离婚。但二人关于秦某购置的上述贵重物品是否属于个人生活用品产生了分歧,那么,个人生活用品是否包括轿车、高档首饰和手表?

解析

个人生活用品属于夫妻个人财产,离婚时不予分割。那么个人生活用品是否包括案例中陈述的贵重物品呢?答案是显而易见的。轿车、高档首饰、手表虽然在本案中是秦某因为工作需要而购买和使用的,甚至还因为有洁癖,连妻子都不让碰,但上述贵重物品,显然是用夫妻共同财产购买的(本案中指明秦某收入颇丰,该收入除特别约定是个人财产外,一般应为夫妻共同财产),既然是夫妻共同财产购买的贵重物品,如果被认定为一方的个人生活用品而不予分割,是显失公平的。所以,上述贵重物品理应列入夫妻共同财产,在离婚诉讼中予以分割。

22. 养老保险金和人身保险赔偿金是夫妻共同财产吗?

案例

宋某是某移动公司的技术人员,由于工作的需要,经常去外地出差,其妻子为了给宋某和家庭的将来有一个保障,就给宋某买了一份人身保险(该人身保险和宋某社保部分中需自己缴纳的养老保险部分,均由夫妻共同财产支付)。两年后,宋某因为患病获得保险公司赔付的20万元保险金用于治疗疾病。后来二人因感情不和,决定离婚,但双方对于宋某养老保险金和20万元保险金该如何分割产生分歧。离婚时,法院会如何处理养老保险金?对婚内购买的人身保险如何分割?

解析

我们先看如何分割养老金部分。依据我国法律规定,离婚时夫妻一方尚未退休、不符合领取养老保险金条件,另一方请求按照夫妻共同财产分割养老保险金的,人民法院不予支持;婚后以夫妻共同财产缴付养老保险费,离婚时一方主张将养老金账户中婚姻关系存续期间个人实际缴付部分作为夫妻共同财产分割的,人民法院应予支持。至于后面发生的20万元保险金则是保险公司赔付给宋某用来治疗疾病的费用,根据我国《婚姻法》第十八条之规定,在夫妻关系存续期间因人身伤害或患疾病所获得的人身保险赔偿金,因与该个人有密切关系,主要用于受害人的治疗、生活,具有特定的用途,因此,该类财产不属于夫妻共同财产,应当归取得保险金的一方所有。因此属于宋某的个人财产。

23. 夫妻一方以个人名义的借款，是夫妻共同债务吗？

案例

姜某是一位经营家具业务的个体工商户，经过十来年的摸爬滚打，已经小有所成。其妻王某是一位中学数学老师，平时除了上课之外，还负责家具店的财务账目。后来由于姜某婚内出轨，妻子王某决定和姜某离婚。但在二人准备离婚之时，突然冒出一个债权人，说自己手上有一张姜某打的借条，要求夫妻二人偿还。夫妻一方以个人名义进行的借款，是否需要夫妻共同偿还？

解析

根据最高人民法院《关于审理涉及夫妻债务纠纷案件适用法律有关问题的解释》第二条和第三条的规定，夫妻一方在婚姻关系存续期间以个人名义为家庭日常生活需要所负的债务，债权人以属于夫妻共同债务为由主张权利的，人民法院应予支持。但是，夫妻一方在婚姻关系存续期间以个人名义超出家庭日常生活需要所负的债务，债权人以属于夫妻共同债务为由主张权利的，人民法院不予支持，但债权人能够证明该债务用于夫妻共同生活、共同生产经营或者基于夫妻双方共同意思表示的除外。

本案中，如果该欠条所载金额仅限于家庭日常生活所负的债务，那么姜某和王某是需要共同偿还的，但如果该欠条所载金额超出了家庭日常生活需要所负的债务，就需要债权人去举证该欠款用于姜某和王某的家庭日常生活，债权人无法举证的，王某自然不需要偿还该债务。

24. 离婚判决书债务归夫妻一方，另一方还有偿还责任吗？

案例

李某经营一家以鸡肉为主的快餐店，后由于“禽流感”来袭，李某的经营备受打击，很少有顾客再光顾李某的快餐店。李某的债主顾某看到此情况不妙，就找上门来催款还钱。但李某都以无钱还款为由予以拒绝。债主顾某最近一次找李某索要欠款之时，却被李某告知他已经和妻子离婚，法院已将所有财产都判给其妻子，自己现在身无分文，并且拿出了判决书作为证明，继续拒绝还款。本案中李某的妻子是否有偿还责任？

解析

离婚诉讼往往只有夫妻双方参加，对于夫妻共同财产如何分割，外人根本不知道。尤其是在欠款纠纷中，债权人也根本无从知道法院会如何分割夫妻共同财产。法院的判决是有效的，不可逆转的，但是如果利用这份判决来对抗债权人的债权，如本案中李某口中所说的那样，自己的所有财产都被法院判给了妻子，便拒绝还钱，这对债权人是不公平的。根据《婚姻法解释(二)》第二十五条的规定，当事人的离婚协议或者人民法院的判决书、裁定书、调解书已经对夫妻财产分割问题作出处理的，债权人仍有权就夫妻共同债务向男女双方主张权利。一方就共同债务承担连带清偿责任后，基于离婚协议或者人民法院的法律文书向另一方主张追偿的，人民法院应当支持。

25. 因夫妻一方个人的债务，夫妻共同财产被法院查封、扣押、冻结了该如何处理？

案例

张某和余某是夫妻，两人在婚后共同出资买了一辆车。余某是做服装生意的，资金流动性很大。因为经济不景气，服装生意也一落千丈，于是余某向朋友借款50万元作为周转，与朋友约定该借款为其个人借款，与丈夫张某无关，并以婚后购买的车子作抵押担保。半年之后，余某的服装加工厂宣告破产。朋友要求余某偿还欠款，余某表示无力偿还。借款合同到期之后，余某还是没有归还欠款。朋友将余某起诉至法院，并经法院判决胜诉。随后，朋友申请法院强制执行，法院查封了张某和余某共同购买的车子，冻结了两人的存款。张某得知此事，着急万分，那么他面对法院的查封该如何处理呢？

解析

根据最高人民法院《关于人民法院民事执行中查封、扣押、冻结财产的规定》第十四条的规定，对被执行人与其他人共有的财产，人民法院可以查封、扣押、冻结，并及时通知共有人。共有人协议分割共有财产，并经债权人认可的，人民法院可以认定有效。查封、扣押、冻结的效力及于协议分割后被执行人享有份额内的财产；对其他共有人享有份额内的财产的查封、扣押、冻结，人民法院应当裁定予以解除。共有人提起析产诉讼或者申请执行人代位提起析产诉讼的，人民法院应当准许。诉讼期间中止对该财产的执行。

本案中，张某可以采取两个办法。第一，他可以和余某协议分割车子和存款，经过债权人的认可后，法院就能认定协议有效。此时查封的效力只涉及余某享有份额内的财产,解除了对张某享有份额内的财产的查封。第二,张某也可以提起析产诉讼,诉讼期间人民法院应中止对该财产的执行。等析产诉讼结束后,人民法院再恢复执行。

26. 夫妻一方对外担保之债属于夫妻共同债务吗?

案例

陈某和刘某是夫妻。陈某古道热肠,为人处世非常大方、豪爽,对于朋友的事情总是仗义相助。有一天,他的朋友要向担保公司借一笔款项,需要一位本地人作担保。于是朋友找到陈某,请求陈某做担保人。陈某并未和刘某商议就答应了朋友,在朋友和担保公司的借款协议的担保人栏签上了自己的大名,并且承诺在朋友不能还款时承担连带担保责任。一年后,朋友在借款合同到期时没有偿还欠款,担保公司起诉了陈某夫妻及其朋友,那么刘某是否有义务偿还这笔担保之债呢?

解析

最高人民法院民一庭《关于夫妻一方对外担保之债能否认定为夫妻共同债务的复函》称:福建省高级人民法院:你院〔2014〕闽民申字第1715号《关于再审申请人宋某、叶某与被申请人叶某某及一审被告陈某、李某民间借贷纠纷一案的请示》收悉。经研究答复如下:同意你院审判委员会多数意见,即夫妻一方对外担保之债不应当适用《婚姻法解释(二)》第二十四条的规定认定为夫妻共同债务。所以本案中,刘某没有义务偿还陈某的担保债务。

27. 夫妻之间约定“精神损失费”是否有效?

案例

李某和马某经常夜不归宿,后经证实,李某与他人有不正当关系,但是他向马某保证,以后再也不会和外边的女人来往。马某不相信,于是双方以书面的形式签订了《婚内忠诚协议》,其中有一条约定:“男女双方若因第三者的原因导致夫妻感情破裂继而离婚的,其中一方应当给付另外一方30万元现金,作为精神损害赔偿金。”刚开始一段时间,李某下班后都按时回家,似乎和外边的女人确实断了联系。但是好景不长,几个月后,马某再次证实了李某的婚外不正当关系,伤心的马某决定离婚。马某让李某在离婚分割财产时再给她30万元作为精神损害赔偿,李某不同意,马某只能起诉至法院。那么,马某和李某之间关于出轨导致离婚的出轨方给付对方30万元现金的约定是否有效?

解析

忠诚义务作为一种道德义务,在法律上并没有明确的惩罚性。虽然《婚姻法》第四十六条规定有配偶者与他人同居时,受损害方有赔偿请求权,但这种损害赔偿属于夫妻一方严重违反忠诚义务给对方造成精神损害从而需要给予侵权损害赔偿的规定,要求比较严格。当夫妻之间相互协议约定一个高于法律义务的“忠诚协议”时,即只要一方不忠于对方,另一方就有权获得赔偿,当然更有利于约束双方的性行为,维护婚姻关系的稳定。所以只要“忠诚协议”不违反法律的强制性规定,不侵害他人权益和人身自由,夫妻双方用协议约束自己的行为,我们应该认定“忠诚协议”合法有效。我国《婚姻法》第四条规定“夫妻应当互相忠实”,“忠诚协议”是对该条规定的具体化,由双方当事人自愿签订,自愿在违背忠实义务后承担财产损失的不利后果,对双方理应有约束力,这与我国《婚姻法》第四十六条规定的无过错方的损害赔偿请求权在法律精神上是一致的。由此可见,"忠诚协议"体现了"法无明文禁止即可为"的民法原理,体现了民法上的意思自治、权利本位、过错责任、诚实信用等基本原则,归根结底是对财产权利自由处分的协议,应视为一种附条件的具有惩罚性的财产约定。实务中应根据实际情况确定"忠诚协议"的效力,而不能一概予以肯定或否定。

本案中,男方和女方签订关于"男女双方若因第三者的原因导致夫妻感情破裂继而离婚的,其中一方应当给付另外一方30万元现金,作为精神损害赔偿金"的约定,是根据夫妻共同财产的具体情况,对夫妻财产作出的自由处分,这是符合《婚姻法》规定的,亦符合双方的真实意思表示,且不存在受胁迫的情况,也不存在显失公平的情况,依法应当予以保护和支持。

28. 夫妻财产约定是否可以采用口头形式?

案例

杨某是一位作家,擅长写爱情故事。与季某结婚后,杨某继续在家写作,但女性独有的敏感,让其觉察到季某可能是个不靠谱的人。因此,为了能给自己将来一个保障,杨某便和季某口头约定,自己以后赚的稿费都是自己的个人财产,而季某赚的钱,应该当做夫妻共同财产。李某虽有不满,但也勉强答应了杨某的口头约定。后来二人因为财产问题,经常起争执,最后闹到了离婚的地步(杨某婚后创作了两本书,稿费共计15万元),但是二人对于口头约定的内容是否有效,各持己见。

解析

夫妻共同财产可以通过约定的方式进行规定，至于如何规定，只要不涉及法律禁止性的内容，都是有效的。但是，依据我国《婚姻法》第十九条的规定，夫妻可以约定婚姻关系存续期间所得的财产以及婚前财产归各自所有、共同所有或部分各自所有、部分共同所有。约定应当采用书面形式。但该条规定“约定应当采用书面形式”中的“应当”，不能与“必须”的法律含义做同等解释。因此，对于欠缺书面形式的口头约定，只要夫妻双方没有争议的，该口头约定也有效。由此可见，本案中，如果季某对他和杨某之间的口头约定，不予认可，那口头约定就显然是无效的，杨某和季某婚后所得财产，如杨某婚后创作的稿费所得 15 万元，应当属于夫妻共同财产。

29. 夫妻间赠与房产是否可以反悔？

案例

于某大学毕业之后，收入丰厚。工作了几年之后，父母出了些钱，加上自己的积蓄，于某就购置了一套两居室。后于某与方某相恋。2017 年 1 月，方某和于某结婚之后，就搬进了于某的房子居住。婚后，于某总觉得自己比方某年纪大很多，怕方某有什么别的想法，于是，他给方某写了书面赠与协议，将其婚前购置的房子在两人结婚一年后过户到方某的名下。于某的父母知道了于某和方某的这个约定，都很反对。于某的这套房子已经价值 800 万元左右，就这样过户给方某，如一旦离婚，以后于某自己就没有保障了。那么，如果于某反悔，方某还能获得这套房子吗？

解析

根据《婚姻法解释(三)》的规定,婚前或者婚姻关系存续期间,当事人约定将一方所有的房产赠与另一方,赠与方在赠与房产变更登记之前撤销赠与,另一方请求判令继续履行的,人民法院可以按照《中华人民共和国合同法》(以下简称《合同法》)第一百八十六条的规定处理。而根据《合同法》第一百八十六条的规定,赠与人在赠与财产的权利转移之前可以撤销赠与。具有救灾、扶贫等社会公益、道德义务性质的赠与合同或者经过公证的赠与合同,不适用前款规定。本案中,于某和方某约定赠与房产,虽然赠与协议是有效的,但在过户之前,于某可以撤销赠与。

30. 夫妻在离婚协议中约定房子归子女所有,离婚后可以撤销约定吗?

案例

陈某和裴某于2015年登记结婚,婚后育有一女,后因感情不和,陈某起诉至法院。双方经法院调解离婚,离婚时对婚后购买、共同共有的一处房屋不予以分割,而是通过协议,约定该房屋所有权在男方付清贷款后归双方的女儿所有。后裴某起诉至法院称:协议所述房屋贷款尚未还清,房屋产权还未进行变更登记,即还未实际赠与子女,目前还属于夫妻双方共有财产,现不想将该房屋属于自己的部分赠给子女,主张撤销之前的赠与行为,由法院依法对诉争房屋进行分割。裴某可以撤销之前离婚协议约定的内容吗?

解析

陈某和裴某在婚姻关系存续期间均知悉该房屋系夫妻共同财产,对于诉争房屋的处理,双方在离婚时达成协议,将房屋赠与子女,而且该意思表示是建立在双方夫妻身份关系解除的基础之上。在双方离婚后,裴某不同意履行对诉争房屋的处理约定,并要求分割诉争房屋,其诉讼请求法律依据不足,也有违诚信。

夫妻双方在离婚时已经对共同财产的处分形成合意,共同表示将房屋赠与未成年子女,该意思表示真实有效,理应对双方产生拘束力。因赠与行为系夫妻双方共同作出,故在离婚后一方想要根据《合同法》第一百八十六条第一款的规定单方撤销赠与时,亦应取得双方合意。故裴某不能单独撤销之前离婚协议约定的内容。

31. 离婚诉讼中,经济条件是否为争取孩子抚养权的决定性因素?

案例

宋某大学毕业后,就一直在某外企当行政秘书,后来与该外企老板的儿子杨某谈恋爱,半年后二人登记结婚。宋某嫁进杨家之后,辞去了现有的工作,在家做起了全职太太。婚后,二人育有一子。可好景不长,在孩子刚满周岁的时候,宋某发现了杨某在外和他人同居,于是决定和杨某离婚。但杨家主张,离婚可以,孩子要留下,因为杨家经济条件好,而宋某是一个没工作的女人,根本养不起孩子。经济条件是不是争取孩子抚养权的决定性因素?

解析

根据最高人民法院《关于人民法院审理离婚案件处理子女抚养问题的若干具体意见》的规定,人民法院审理离婚案件,对子女抚养问题,应当依照《婚姻法》第二十九条、第三十条及有关法律规定,从有利于子女身心健康,保障子女的合法权益出发,结合父母双方的抚养能力和抚养条件等具体情况妥善解决。两周岁以下的子女,一般随母方生活。母方有下列情形之一的,可随父方生活:(1)患有久治不愈的传染性疾病或其他严重疾病,子女不宜与其共同生活的;(2)有抚养条件不尽抚养义务,而父方要求子女随其生活的;(3)因其他原因,子女确无法随母方生活的。对两周岁以上未成年的子女,父方和母方均要求随其生活,一方有下列情形之一的,可予优先考虑:(1)已做绝育手术或因其他原因丧失生育能力的;(2)子女随其生活时间较长,改变生活环境对子女健康成长明显不利的;(3)无其他子女,而另一方有其他子女的;(4)子女随其生活,对子女成长有利,而另一方患有久治不愈的传染性疾病或其他严重疾病,或者有其他不利于子女身心健康的情形,不宜与子女共同生活的。

本案中,宋某与杨某的孩子刚满周岁,法院一般情况下会判给宋某。杨某可以通过支付抚养费的形式来承担抚养义务。

(二)物业篇

1. 楼下竟然开了小卖部,太吵了怎么办?

案例

一老旧小区的一楼最近忽然热闹了起来,一群人敲敲打打,车来车往,原来一楼的张某把阳台扩张出去一部分,改装成一家小卖部,还设置了楼梯。营业一两周,从这边经过的居民经常会在小卖部买东西,晚上还会有人在门口摆几个小桌子吃瓜子、喝啤酒、聊天。楼上的住户深受影响,除了噪声,还有很多安全隐患。张某可以擅自在小区里开设小卖部吗?

解析

根据《中华人民共和国物权法》(以下简称《物权法》)第七十七条的规定,业主不得违反法律、法规以及管理规约,将住宅改变为经营性用房。业主将住宅改变为经营性用房的,除遵守法律、法规以及管理规约外,应当经有利害关系的业主同意。根据最高人民法院《关于审理建筑物区分所有权纠纷案件具体应用法律若干问题的解释》第十一条"业主将住宅改变为经营性用房,本栋建筑物内的其他业主,应当认定为物权法第七十七条所称'有利害关系的业主'。建筑区划内,本栋建筑物之外的业主,主张与自己有利害关系的,应证明其房屋价值、生活质量受到或者可能受到不利影响"的规定,本栋建筑物内的其他业主,都属于有利害关系的业主。另外本案中,张某装修阳台擅自拆窗改门、搭建楼梯的行为,超越了自己专有部分所有权的范围,侵占了该小区建筑物的共有部分,侵害了其他业主的合法权益,妨害了正常的物业管理秩序,张某应当承担恢复原状的法律责任。

2. 物业管理人员有权禁止孩子在小区院子里玩耍吗?

案例

李某夫妇在一个小区买了一套住房,该房子类似公寓住房,楼内住户很多,楼道也很长。楼房有好几个院子,物业管理人员在其中一个院子的西边修建了一座彩钢房,小区东边出口也设置了一道门。这个院子相对就比较安静和隐蔽,车辆也少。平时物业管理人员的车辆就停在这个院子里。李某的孩子三岁大,总喜欢在这个院子里玩耍,有一次一名物业管理人员看见孩子在院子里跑来跑去,就制止了。他表示这个院子禁止小孩子玩耍,以免碰到他的车子。李某很不解,这个院子是小区的院子又不是物业管理人员个人的院子,小孩子怎么就不能玩呢?物业占了大家的院子怎么就没人管呢。后来听说很多家长都遇见过这个问题。物业管理人员是否有权禁止孩子在小区院子里玩耍?

解析

根据《物权法》第七十三条的规定,建筑区划内的道路,属于业主共有,但属于城镇公共道路的除外。建筑区划内的绿地,属于业主共有,但属于城镇公共绿地或者明示属于个人的除外。建筑区划内的其他公共场所、公用设施和物业服务用房,属于业主共有。因此,小区内的道路、花园及其他公共场所属于小区的共有部分,全体业主共同享有所有权。业主的家属在小区里面玩耍,属于业主行使物权人权利的一种方式,物业公司的所谓负责人无权干涉王某的孩子在小区内玩耍。物业公司是受聘于全体业主的服务者,应当为业主提供优质的服务,动不动就对业主指手画脚,禁止业主自由在小区内活动,不仅不合理,也是违反法律规定的。

3. 业主可以共同决定的小区事项有哪些?

案例

陈某购买了某小区的二手房,过户和贷款都顺利办下来之后,陈某如愿以偿地搬进了新家。待陈某真正搬进小区的时候才发现,小区的物业管理很差,陈某想通过业主委员会解聘这个不负责任的物业管理公司。但业主委员会给出的答复却是他们没权解聘物业管理公司。业主委员会是否有权解聘物业公司?

解析

依据《物权法》第七十六条的规定,下列事项由业主共同决定:(1)制定和修改业主大会议事规则;(2)制定和修改建筑物及其附属设施的管理规约;(3)选举业主委员会或者更换业主委员会成员;(4)选聘和解聘物业服务企业或者其他管理人;(5)筹集和使用建筑物及其附属设施的维修资金;(6)改建、重建建筑物及其附属设施;(7)有关共有和共同管理权利的其他重大事项。决定前款第(5)项和第(6)项规定的事项,应当经专有部分占建筑物总面积三分之二以上的业主且占总人数三分之二以上的业主同意。决定前款其他事项,应当经专有部分占建筑物总面积过半数的业主且占总人数过半数的业主同意。

据此可知,解聘物业管理公司,只能由全体业主共同决定。对于业主共同决定的事项,在实践中,多是小区内涉及业主共同利益的重大事项以及有关共有和共同管理权利的其他重大事项。比如制定物业服务内容、筹集和使用小区内的专项维修资金、物业费的收取方案等内容。另外,由于业主在生活中所面临的问题复杂多变,从客观角度来讲,法律规定很难全部预料到随时可能出现的业主在自治管理过程中出现的新问题,且很难将业主的权利列举得绝对周全。因此,为了方便业主处理新出现的重大问题,对业主共同决定的重大事项采用列举外加概括兜底规定的方法,是非常有必要的,只有这样才能使小区内的业主在面对新出现的问题、行使相关权利之时有据可循。

4. 物业是否有权利停掉业主的水电?

案例

吴某买了套期房,经过半年的等待,吴某终于拿到了房屋钥匙,喜迁新居。但令吴某没想到的是,房子的质量简直太差了,还没居住就看到很多地方有很长很深的裂缝。这让吴某非常生气,在和开发商交涉无果的情况下,吴某也拒绝将剩余房款支付给开发商。由于该小区的物业公司是开发商聘用的,见吴某迟迟不肯支付尾款,开发商便通知物业公司,停掉吴某的水电和天然气,这让吴某根本无法在房子里面生活。物业公司有权利这么做吗?

解析

根据《物业管理条例》第二条的规定,物业管理,是指业主通过选聘物业服务企业,由业主和物业服务企业按照物业服务合同约定,对房屋及配套的设施设备和相关场地进行维修、养护、管理,维护物业管理区域内的环境卫生和相关秩序的活动。在本案中,吴某和开发商之间是房屋买卖法律关系,而作为业主的吴某与物业管理公司之间又属于物业服务关系,这两种法律关系是各自独立的法律关系。虽然吴某欠缴房屋尾款,但只要吴某交足了物业费,履行了物业服务合同中的义务,那么物业公司就不能对开发商的话听之任之,侵害业主的合法权益。据此可知,本案中物业公司擅自对吴某采取停电、停水、停天然气的措施,是没有法律依据的。

5. 如何成立业主大会?

案例

张某所居住小区的物业公司以人手不够为由,拒绝为居民配备巡逻保安,并且居民们还发现,物业公司为了节省成本,每天将居民的生活垃圾不是运送到专门的垃圾回收场所,而是堂而皇之地在小区内进行焚烧,这导致小区的环境十分恶劣。因为安全、环境卫生等问题,居民们没少找物业公司沟通,但基本没什么效果。这让居民们意识到,必须成立属于自己的业主大会,才能让这家物业公司有危机感,才能更好地维护自己的权益。

解析

根据《物业管理条例》第十条的规定,同一个物业管理区域内的业主,应当在物业所在地的区、县人民政府房地产行政主管部门或者街道办事处、乡镇人民政府的指导下成立业主大会,并选举产生业主委员会。但是,只有一名业主的,或者业主人数较少且经全体业主一致同意,决定不成立业主大会的,由业主共同履行业主大会、业主委员会职责。另根据《业主大会和业主委员会指导规则》第八条至第十条、第十五条之规定,物业管理区域内,已交付的专有部分面积超过建筑物总面积百分之五十时,建设单位应当按照物业所在地的区、县房地产行政主管部门或者街道办事处、乡镇人民政府的要求,及时报送下列筹备首次业主大会会议所需的文件资料:(1)物业管理区域证明;(2)房屋及建筑物面积清册;(3)业主名册;(4)建筑规划总平面图;(5)交付使用共用设施设备的证明;(6)物业服务用房配置证明;(7)其他有关的文件资料。符合成立业主大会条件的,区、县房地产行政主管部门或者街道办事处、乡镇人民政府应当在收到业主提出筹备业主大会书面申请后六十日内,负责组织、指导成立首次业主大会会议筹备组。首次业主大会会议筹备组由业主代表、建设单位代表、街道办事处代表、乡镇人民政府代表和居民委员会代表组成。筹备组成员人数应为单数,其中业主代表人数不低于筹备组总人数的一半,筹备组组长由街道办事处、乡镇人民政府代表担任。筹备组应当自组成之日起九十日内完成筹备工作,组织召开首次业主大会会议。业主大会自首次业主大会会议表决通过管理规约、业主大会议事规则,并选举产生业主委员会之日起成立。本案中,张某等居民应严格按照上述程序,尽快组建业主大会,维护自己的合法权益。

6. 如何解聘物业公司?

案例

陈某家住某小区,因小区车位问题,经常跟物业公司发生摩擦。原来,由于该小区的面积有限,本来就不大的一块地,却被小区物业公司私自上了地锁,还以各种理由禁止小区居民在院子里活动。另外,由于这家物业公司是开发商留下来的,仗着自己有开发商做靠山,平时也没少在各方面欺负小区居民。很多小区居民都赞成解聘这家物业公司。但到底通过什么样的程序解聘物业公司,陈某他们也没有什么头绪。

解析

根据《物权法》第七十六条的规定，选聘和解聘物业服务企业的，应当经专有部分占建筑物总面积过半数的业主且占总人数过半数的业主同意。本案中，解聘物业公司属于通过业主大会作出的一般决议，因此只要由占小区私有住宅总面积过半数的业主并且占总人数过半数业主同意即可作出解聘物业公司的决议。

7. 业主委员会可以起诉业主吗？

案例

某新小区通过法定程序组建了自己的业主大会和业主委员会，由于该小区还未聘请物业公司，小区的卫生、安全事项暂时无人负责。为了解决这个问题，该小区的业主委员会决定在聘请到合适的物业公司之前，自行代管小区的卫生、安全等物业管理事项。经过商讨，由业主委员会的委员王某负责向小区业主收取物业服务费用。两个月后，该小区的业主委员会通过招标，选聘了一家物业服务公司为该小区提供物业服务。此时业主委员会要求王某移交之前收取的物业费以及收据等相关材料，但王某以各种理由拒绝。事后经过调查得知，王某自己注册了一家物业服务公司。经过多次协商无果之后，小区的业主委员会准备就此事起诉王某。

解析

2005 年 8 月 15 日最高人民法院《关于春雨花园业主委员会是否具有民事诉讼主体资格的复函》(〔2005〕民立他字第 8 号)中指出，根据《物业管理条例》的规定，业主委员会是业主大会的执行机构，根据业主大会的授权对外代表业主进行民事活动，所产生的法律后果由全体业主承担。业主委员会与他人发生民事争议的，可以作为被告参加诉讼。本案中，只要该小区的业主大会授权，业主委员会便可以原告的资格起诉王某。

业主委员会，是在小区物业管理活动中长期存在的，代表所有业主行使业主自治管理权的机构，是所有业主进行自我管理、自我约束、自我教育、自我服务等业主集体事务的民主机构，集中办理本小区内涉及物业管理的公共事务的社会性公益自治组织。从其性质上来讲，业主委员会是一个非法人组织，是业主大会的执行机构，由业主大会选举成立，集中领导业主自制权限范围内的物业管理等各项工作，但必须对业主大会负责并报告工作。基于此，业主委员会必须接受业主大会的领导和监督，处于从属于业主大会的法律地位。业主委员会代表所有业主参与诉讼，除非有法律明确规定，一般需要得到业主大会或者全体业主的授权，此时诉讼结果也将直接约束所有业主。

8. 业主委员会如何召开会议？

案例

何某家住某小区一期，按照合同约定，全额缴纳了当年的物业费和供暖费。冬天，由于家里暖气不热，何某联系物业来维修，物业告知何某应当联系供暖公司来维修。但在供暖公司查询何某相关信息的时候，却告知了何某一个震惊的消息：何某已经好几年没交过供暖费了。这使何某很气愤，自己每年按时将物业费和供暖费交到物业公司，但物业公司竟然私自截留自己的供暖费，导致自己今年无法正常使用暖气。由于何某本身也是业主委员会的一员，他决定将此事拿到业主委员会会议上讨个说法。但他并不清楚该如何召开业主委员会。

解析

根据住建部《业主大会和业主委员会指导规则》第三十七条至第三十九条的规定,业主委员会应当按照业主大会议事规则的规定及业主大会的决定召开会议。经三分之一以上业主委员会委员的提议,应当在七日内召开业主委员会会议。业主委员会会议由主任召集和主持,主任因故不能履行职责,可以委托副主任召集。业主委员会会议应有过半数的委员出席,作出的决定必须经全体委员半数以上同意。业主委员会委员不能委托代理人参加会议。业主委员会应当于会议召开七日前,在物业管理区域内公告业主委员会会议的内容和议程,听取业主的意见和建议。业主委员会会议应当制作书面记录并存档,业主委员会会议作出的决定,应当有参会委员的签字确认,并自作出决定之日起三日内在物业管理区域内公告。

9. 业主委员会有哪些职责?

案例

江某是一位畅销书作家,居住在某小区,很多读者经常在小区的门口向他索要签名。由于外界太多的干扰直接影响了江某的创作,因此江某要求业主委员会为他解决这个问题,不要随便让人进出小区。业主委员会主任李某认为,不能为江某一人,在小区里面乱立规矩,因此对江某的要求并未予以理会。江某认为业主委员会的答复就是不作为。那么业主委员会有哪些职责?

解析

根据住建部《业主大会和业主委员会指导规则》第三十五条的规定，业主委员会应当履行如下职责：

（1）执行业主大会的决定和决议；

（2）召集业主大会会议，报告物业管理实施情况；

（3）与业主大会选聘的物业服务企业签订物业服务合同；

（4）及时了解业主、物业使用人的意见和建议，监督和协助物业服务企业履行物业服务合同；

（5）监督管理规约的实施；

（6）督促业主交纳物业服务费及其他相关费用；

（7）组织和监督专项维修资金的筹集和使用；

（8）调解业主之间因物业使用、维护和管理产生的纠纷；

（9）业主大会赋予的其他职责。

据此可知，该小区的业主委员会应当及时了解业主的意见和建议，而不是置之不理。

10. 临时管理规约中开发商负有什么义务？

案例

某小区的开发商在向业主们交房的时候，与业主签订了一纸协议，上面载明的是临时管理规约的内容，涉及如何聘请物业服务公司，业主应当遵守何种义务等内容。许多业主认为这是开发商单方面制定的协议，自己这样贸然就和开发商签订临时管理规约，将来一旦出现问题，自己肯定处于不利的地位。

解析

根据《物业管理条例》第二十二条、第二十三条的规定，建设单位应当在销售物业之前，制定临时管理规约，对有关物业的使用、维护、管理，业主的共同利益，业主应当履行的义务，违反临时管理规约应当承担的责任等事项依法作出约定。建设单位制定的临时管理规约，不得侵害物业买受人的合法权益。建设单位应当在物业销售前将临时管理规约向物业买受人明示，并予以说明。具体来说本案中的开发商负有以下义务：

(1)开发商应当将临时管理规约向小区房屋的买受人也就是业主进行明示，告知临时管理规约的内容。

(2)开发商应当向小区业主明确解释临时管理规约的具体内容。具体内容主要包括对小区物业的使用、管理、维护，业主的共同利益，业主应当履行的义务以及违约责任等内容。该管理规约不仅制定了小区物业如何使用和管理的规则，还确认了业主拥有正当使用物业共有部分、共用设施的权利。

据此可知，开发商与该小区业主签订临时管理规约之时，应当明确告知协议的内容，并对业主不了解、不清楚的内容，予以解释和说明。

11. 开发商能否将公共绿地改造成停车场对外进行出租？

案例

某小区绿化率非常高，所以住宅的销量很好，等到交房的那一天，业主们都迫不及待地搬进该小区，享受“城市森林”的舒适感。但好景不长，开发商打着方便居民生活的旗号，将小区内三分之一的绿化区改造成停车场，对外进行出租，给小区居民带来安全隐患，并降低了小区的环境品质。开发商的这种举动让该小区的居民非常不满意，而开发商表示，小区内的绿化都是开发商的,怎么变动都与业主无关。开发商有权这样做吗?

解析

根据《物业管理条例》第二十七条以及《物权法》第七十三条之规定,业主依法享有的物业共用部位、共用设施设备的所有权或者使用权,建设单位不得擅自处分。建筑区划内的道路,属于业主共有,但属于城镇公共道路的除外。建筑区划内的绿地,属于业主共有,但属于城镇公共绿地或者明示属于个人的除外。建筑区划内的其他公共场所、公用设施和物业服务用房,属于业主共有。另根据最高人民法院《关于审理建筑物区分所有权纠纷案件具体应用法律若干问题的解释》第三条的规定,除法律、行政法规规定的共有部分外,建筑区划内的以下部分,也应当认定为《物权法》第六章所称的共有部分:(1)建筑物的基础、承重结构、外墙、屋顶等基本结构部分,通道、楼梯、大堂等公共通行部分,消防、公共照明等附属设施、设备,避难层、设备层或者设备间等结构部分;(2)其他不属于业主专有部分,也不属于市政公用部分或者其他权利人所有的场所及设施等。建筑区划内的土地,依法由业主共同享有建设用地使用权,但属于业主专有的整栋建筑物的规划占地或者城镇公共道路、绿地占地除外。据此可知,本案中开发商的说法毫无根据,其无权处分属于业主共有的绿化区域。

12. 业主可否要求物业服务公司对物业设施进行验收?

案例

某小区居民发现小区物业公司在交接物业设施时,根本没有对小区的物业设施进行验收。为此居民们向物业服务公司提出了建议，但物业服务公司给出的答复却是，该小区的开发商非常知名，品牌口碑很好，完全信任这些设施的质量。这种答复，还是不能令部分业主满意。

解析

根据《物业管理条例》第二十八条的规定，物业服务企业承接物业时，应当对物业共用部位、共用设施设备进行查验。据此可知，物业服务公司对共用设施、设备、部分进行验收完全是法定责任，物业服务公司未验收的做法是错误且违法的。那么为什么要进行验收呢？因为通过验收程序，可以发现物业设施的质量问题，一旦发现问题，还可以及时进行修理和整改。尤其是在楼房竣工后，业主还未入户的时候，进行验收，还能够发现房屋的质量问题，由开发商进行返修。这样便能够有效地防止将来可能会发生的物业设施质量纠纷，同时物业服务公司还可以根据验收记录，制定有针对性的物业管理和维护策略。

13. 开发商需要承担哪些保修责任？

案例

王某购买了某小区的顶层住宅，在刚刚入住三个月后，正好赶上本市的雨季，楼顶大面积漏雨，这让王某很生气，自己刚刚到手的新楼，就漏雨了，这楼盘的质量可见一斑。更令王某生气的事情发生在他找开发商理论的时候，开发商竟然说："我们已经按照合同约定向业主交了房子，出现问题是业主的事，与我们无关。"王某该如何维权？

解析

根据《物业管理条例》第三十一条的规定,建设单位应当按照国家规定的保修期限和保修范围,承担物业的保修责任。《建设工程质量管理条例》第三条规定,建设单位、勘察单位、设计单位、施工单位、工程监理单位依法对建设工程质量负责。本案中,由于王某是和开发商签订的房屋买卖合同,因此该房屋的首要保修责任应当由开发商来承担,具体来说包括以下两个方面:

(1)住宅在建设中存在的质量问题。房屋的质量问题在竣工验收时可能暂时未被发现,但在业主使用过程中就有可能暴露出来,如屋顶漏水、墙体漏水、墙皮脱落、地面开裂、空鼓、起砂、管道漏水和堵塞等质量问题。因此,开发商在一定期限内就负有质保责任。

(2)如果质量问题是因为勘察单位、设计单位、工程监理等负有法定责任的单位的原因造成的,此时还可以要求上述单位承担法律责任。当然,如果是业主自己违反住宅说明书的规定,使用不当,如在装修过程中擅自更改房屋结构造成的质量问题,只能由业主自己来承担,开发商将不承担质保责任。

14. 房屋的保修期限和范围具体是如何规定的?

案例

某小区回迁户的回迁房质量问题很严重,有的业主家是地面开裂,有的业主家是墙体开裂,有的业主家则是水管有问题。房屋质量问题千奇百怪,很多业主都不敢继续住在自己的房子里了。法律对房屋的保修事宜有哪些规定?

解析

根据《商品房销售管理办法》第三十三条的规定，房地产开发企业应当对所售商品房承担质量保修责任。当事人应当在合同中就保修范围、保修期限、保修责任等内容做出约定。保修期从交付之日起计算。商品住宅的保修期限不得低于建设工程承包单位向建设单位出具的质量保修书约定保修期的存续期；存续期少于《商品住宅实行质量保证书和住宅使用说明书制度的规定》（以下简称《规定》）中确定的最低保修期限的，保修期不得低于《规定》中确定的最低保修期限。非住宅商品房的保修期限不得低于建设工程承包单位向建设单位出具的质量保修书约定保修期的存续期。在保修期限内发生的属于保修范围的质量问题，房地产开发企业应当履行保修义务，并对造成的损失承担赔偿责任。因不可抗力或者使用不当造成的损坏，房地产开发企业不承担责任。在正常使用条件下，建设工程的最低保修期限为：(1)基础设施工程、房屋建筑的地基基础工程和主体结构工程，为设计文件规定的该工程的合理使用年限；(2)屋面防水工程、有防水要求的卫生间、房间和外墙面的防渗漏，为五年；(3)供热与供冷系统，为两个采暖期、供冷期；(4)电气管线、给排水管道、设备安装和装修工程，为两年。其他项目的保修期限由发包方与承包方约定。建设工程的保修期，自竣工验收合格之日起计算。建设工程在保修范围和保修期限内发生质量问题的，施工单位应当履行保修义务，并对造成的损失承担赔偿责任。

15. 物业服务合同有哪些内容？

案例

某小区的业主大会正在进行物业服务公司选聘活动，很多业主都建议在选聘物业公司的时候,一定要多看看,多了解每家物业公司提供的服务内容。有业主认为就算物业公司给业主看了具体项目,业主们也没这方面的经验,还是应该找个懂行的人了解清楚。物业合同有哪些内容?

解析

根据《物业管理条例》第三十四条的规定,物业服务合同应当对物业管理事项、服务质量、服务费用、双方的权利义务、专项维修资金的管理与使用、物业管理用房、合同期限、违约责任等内容进行约定。而物业公司提供的服务具体包括如下内容:物业共用部位和共用设备的管理、维护、更新,比如小区内的公共道路的定期保养,小区住宅楼里面的电梯、停车位以及机电设备的定期维护与管理等内容;小区内公共设施的使用、管理、维修、更新,比如小区内的文体设施的保养和维护;公共环境卫生方面的服务,比如对小区公共场所进行的绿化;治安防范服务,如对小区消防隐患的检测和排除、小区大门的进出管理等内容。

16. 物业服务合同违约责任有哪些类型?

案例

某小区物业公司在安全管理上存在很大漏洞,不仅没有配备保安巡逻,监控系统损害也不修复,小区内入户盗窃频发,甚至有物业工作人员与小偷勾结的情况。业主们多次向物业公司反映,却得不到满意结果。该物业公司对失窃的业主是否应承担违约责任?

解析

根据《物业管理条例》第三十五条的规定，物业服务企业应当按照物业服务合同的约定，提供相应的服务。物业服务企业未能履行物业服务合同的约定，导致业主人身、财产安全受到损害的，应当依法承担相应的法律责任。本案中，物业服务公司未在小区内设置合理的安保措施，在其安保系统形同虚设的情形下，物业内部工作人员勾结社会闲散人员盗窃小区业主财产，造成业主财产损失，理应承担违约责任。具体而言，物业服务合同的违约责任包括以下情形：

(1)拒绝履行物业服务合同，指的是物业服务合同当事人能够履行该合同义务而明确表示拒绝履行的情形。

(2)履行不能物业服务合同，指的是物业服务合同当事人虽然想履行物业服务合同所载义务，但是并没有合同履行能力的情形。

(3)迟延履行物业服务合同，指的是物业服务合同明确所载的债务已经到履行期限，但该合同义务方当时能够履行却没有履行合同所载义务的情形。

(4)不完全履行物业服务合同，指的是瑕疵履行物业服务合同和加害履行物业服务合同的情形。前者指合同当事人虽然有履行物业服务合同，但是合同履行的内容已经不符合物业服务合同约定的情形；而后者指合同当事人一方的履约行为本身不符合该合同的约定，还给对方当事人造成加害损害的情形。

(5)预期违约物业服务合同，指的是物业服务合同的当事人一方在合同所载的履行期限到来之前，以明示或者默示的方法充分表示合同到期之时将不履行合同义务的情形。

17. 物业公司如何承担违约责任?

案例

冯某所居住小区的电梯老化,经常出现故障。后小区业主集体集资将住宅的电梯更换成最新型号的电梯。物业公司的电梯检修员在例行检修的过程中,因操作失误,致使电梯从 18 层直接坠落到 1 层,所幸当时电梯内无人乘坐,但造成电梯严重毁损。后经过调查发现,该电梯检修员并无相关资质,属于违规操作。冯某等集资购买电梯的业主可否追究物业服务公司的违约责任?

解析

根据《合同法》第一百零七条等的相关规定,物业服务公司存在违约责任的情形下,将以下列方式承担责任:

(1)实际履行,又叫继续履行。此种承担方式应当是在违约一方仍然能够履行其义务时才能适用,若违约的一方已然不能履行物业服务合同所载合同义务,则不能继续要求实际履行,而只能采取其他的违约责任承担方式。

(2)支付违约金。此种方式以物业服务合同当事人在合同中有违约金的约定为前提条件,如果合同中并没有关于违约金的约定,则不能主张该种责任承担方式。此外如果违约金在合同中的约定过高或者过低,对于前者,当事人可以请求人民法院予以适当减少,对于后者,当事人可以请求人民法院予以适当增加。

(3)损害赔偿。在违约责任的承担方式方面,损害赔偿的适用是最为普遍的,承担此种责任方式需要具备三个条件:存在违约行为,存在受到损失的情形,违约行为和受到的损失之间存在因果关系。

(4)其他方式。本案中,物业服务公司指派员工对电梯进行检测,由于该工作人员并无相关资质,存在违法检测和操作的行为,致使业主集资购买的电梯出现坠毁的损害,损害后果与违约行为之间存在因果关系,因此物业服务公司理应承担违约责任。物业服务公司应对住宅毁损的电梯进行损害赔偿,为该住宅重新安装电梯。

18. 新旧物业公司如何交接?

案例

某小区在刚建立的时候,由开发商选聘了一家物业服务公司,但该物业服务公司提供的服务令大多数的业主不满意。经过业主大会决定,该小区通过招标投标的方式选聘了一家新的物业服务公司。但旧物业服务公司仗着自己是开发商选聘的,赖着不走,而新选聘的物业公司由于无法办理交接手续,因此也无法正常办公。新旧物业公司该如何交接?

解析

根据《物业管理条例》第三十三条以及最高人民法院《关于审理物业服务纠纷案件具体应用法律若干问题的解释》第十条的规定,一个物业管理区域由一个物业服务企业实施物业管理。每个物业管理区域中物业服务企业具有唯一性。物业服务合同的权利义务终止后,业主委员会请求物业服务企业退出物业服务区域、移交物业服务用房和相关设施,以及物业服务所必需的相关资料和由其代管的专项维修资金的,人民法院应予支持。物业服务企业拒绝退出、移交,并以存在事实上的物业服务关系为由,请求业主支付物业服务合同权利义务终止后的物业费的,人民法院不予支持。据此可知,旧物业服务公司有义务退出该小区,并协助办理交接手续,而业主也可以以拒缴物业服务费的形式,迫使旧物业服务公司撤离该小区。

19. 物业费是如何定价的?

案例

某小区的业主们最近准备委托物业服务公司来给自己提供卫生、保安等服务。但业主们非常关注物业费的定价收费问题。有的业主说:“那些收费价格高昂的物业公司咱们就别找了,我可负担不起。”有的业主则说:“物业费收费高点也不是不能接受,但就怕收费高,服务质量低啊。”物业费应该如何定价呢?

解析

根据《物业服务收费管理办法》第六条及第七条的规定,物业费的定价方式包括两种类型,即政府指导价和市场调节价。

(1)政府指导价,指的是政府价格主管部门会同房地产行政主管部门根据物业服务标准等因素,制定相应的基础价及其浮动幅度,并定期对外公布定价方法。政府定价主要适用于普通住宅的物业服务收费。但在这个过程中,应当充分听取物业服务企业、业主和使用人的意见,兼顾物业服务公司的发展需要与小区业主和使用人的经济承受能力。此外,在具体执行政府定价的时候,由业主和物业服务企业根据规定的基准价和浮动范围在物业服务合同中进行约定。

(2)市场调节价,指的是物业服务费的收费标准由业主和物业服务企业通过友好协商的方式进行确定,最终体现在物业服务合同中的定价方式。随着人民群众生活水平的不断提高以及物业服务市场的不断发展和完善,这种收费方式已经逐渐成为物业服务收费的主要定价方式。

20. 物业公司能否对业主收取装修管理费?

案例

吴某购置了一套二手房,在准备开始装修的时候,装修工人却告诉吴某他们的装修材料被小区门口的保安扣下了。吴某找到保安理论,小区的物业公司却要求他缴纳3000元装修管理费,否则就不让他装修。物业公司有权这样做吗?

解析

根据《物业服务收费管理办法》第五条及第七条的规定,物业服务收费应当遵循合理、公开以及费用与服务水平相适应的原则,区别不同物业的性质和特点,由业主和物业服务企业按照国务院价格主管部门会同国务院建设行政主管部门制定的物业服务收费办法,在物业服务合同中约定。本案中,物业公司要求吴某只有在缴纳3000元装修管理费之后,才允许其装修,属于既违法又违约的行为,吴某当然可以拒绝物业服务公司的无理要求。针对物业如此不合理的要求,吴某可以要求物业服务公司出示收费依据,包括收费文件及收费项目的明码标价。如果物业公司继续阻止吴某装修,吴某可以向物价局、房管局物业处等行政部门进行投诉。

21. 物业代收水费和电费,可以收取代收费用吗?

案例

杨某一家人在某小区购买了一套二手房,在和前房主办理交接手续的时候,小区物业的人告诉杨某,本小区的水费和电费都是由物业的人上门收取。不料在交纳物业费的时候,杨某发现多出120元钱。收费项目其中有一栏则写着:水费、电费代收服务费,每月10元。钱虽然不多,但物业公司并未事先告知杨某,杨某是否有权拒绝交纳这笔每月10元的代理费?

解析

根据《物业管理条例》第四十四条的规定,物业管理区域内,供水、供电、供气、供热、通信、有线电视等单位应当向最终用户收取有关费用。物业服务企业接受委托代收前款费用的,不得向业主收取手续费等额外费用。据此可知,本案中的物业公司以每月10元的费用向业主收取代收费用,没有法律依据,业主杨某当然可以拒绝。

22. 物业公司有权对业主进行罚款吗?

案例

关某购置一套二手房,在装修结束的时候,该小区内的物业公司突然在他们家门上贴了一张罚款通知,按照小区物业服务合同的约定,业主装修必须向物业公司进行登记,违反此规定的,按照每平方米100元计算罚款。而关某的房子是75平方米的两居室,这意味着关某被物业公司罚款7500元。这让关某既惊讶又气愤:物业公司有什么权力对自己罚款?

解析

根据《物业管理条例》第四十五条的规定,对物业管理区域内违反有关治安、环保、物业装饰装修和使用等方面法律、法规规定的行为,物业服务企业应当制止,并及时向有关行政管理部门报告。有关行政管理部门在接到物业服务企业的报告后,应当依法对违法行为予以制止或者依法处理。据此可知,如果关某的装修行为存在违法行为,那么物业公司可以出面制止或者向有关行政部门进行报告。物业公司属于企业法人,并没有行政处罚权。其向业主关某下达罚款通知书的行为是违法且无效的。业主关某有权予以拒绝。

23. 精神病患者进入小区将人打伤,物业公司是否需要承担责任?

案例

余某住在一个20世纪90年代建造的小区里。某天下班回家,余某刚进小区就被一名男子用砖块打伤,随后小区内的其他业主拨打“120”将余某送往医院急救。在治疗过程中,共花去治疗费用3万元。经过警方的调查,该名打人男子患有精神疾病,且并非本小区业主。但在该男子进出小区的时候,小区看门的保安均未对其进行询问和登记。该小区物业服务合同载明,本小区采用刷卡门禁制度,进入本小区必须刷卡才能进入,陌生人来访需要进行登记和询问。但案发之时,小区门禁已经损坏多年,任何人都可以随意进出。余某可否要求物业服务公司赔偿自己的医疗费、误工费等费用。

解析

根据《物业管理条例》第四十六条的规定,物业服务企业应当协助做好物业管理区域内的安全防范工作。发生安全事故时,物业服务企业在采取应急措施的同时,应当及时向有关行政管理部门报告,协助做好救助工作。物业服务企业雇请保安人员的,应当遵守国家有关规定。保安人员在维护物业管理区域内的公共秩序时,应当履行职责,不得侵害公民的合法权益。本案中,该小区的物业服务公司应当对业主的人身安全尽到保障义务,虽然加害人是精神病患者,但正是由于小区物业安保措施的不到位,即陌生人进出无登记、门禁设备失灵,才导致了业主余某被精神病患者打伤。现在业主余某要求物业服务公司赔偿,物业服务公司应当在安保义务过错范围内,承当相应的补充赔偿责任。

24. 物业公司尽到了安保义务,是否还需承担责任?

案例

陈某在某小区购买了一套二手房之后,在办理交接手续的时候和该小区的物业服务公司签订了物业服务合同。合同对安保内容作了如下约定:作为物业服务公司的乙方,为陈某所在的小区提供24小时门卫,并在小区各单元楼和主要道路上面设置电子监控。合同同时对免责内容作了如下约定:第三人造成作为甲方的陈某人身、财产损害的,乙方不承担责任。陈某平日里酷爱运动,购买了一辆价值万元的进口公路自行车,在一次运动过后,便随手将自行车停在自家所在单元楼下。几分钟后,陈某发现这辆进口公路自行车被盗。事后经过警方调查,小区安保措施运行正常,调取的监控录像显示,该车辆为进出该小区的送快餐的男子所盗取,案件正在侦破中。陈某要求物业承担被盗自行车的损失1万元。而物业公司则主张,自己已经尽到了安全保障义务,因此拒绝承担赔偿责任。

解析

根据我国法律规定,双方所签订的物业服务合同属于真实意思表示,是真实有效的合同。按照合同约定,物业服务公司负责小区的安保义务,主要措施是设置24小时门卫和电子监控。本案中陈某的进口自行车被盗,通过警方的调查得知,物业服务公司尽到了安全保障义务,且在合同中已经就第三人侵害财产事由,进行了免责约定,据此可知物业服务公司在陈某进口自行车被盗一案中,不存在故意或者重大过失,因此该物业服务公司不需要对陈某的财产被盗损失承担赔偿责任。

25. 物业公司的人可以随意在小区内挖沟吗?

案例

某市的某通信公司最近正在改造升级光纤线路,需要各个小区物业服务公司的配合。某小区的物业服务公司,在未告知业主委员会的情况下,擅自在小区内挖了一米多深的沟,用于铺设光纤电缆之用,但并未在附近设置警示标志,也未有专人看管。一日,该小区的小朋友李某在玩耍的时候,不小心掉入沟中,造成身体多处受伤,在医院治疗共花去医疗费1万元。小朋友的家长可否要求物业服务公司赔偿治疗费用?

解析

根据《物业管理条例》第五十条的规定,业主、物业服务企业不得擅自占用、挖掘物业管理区域内的道路、场地,损害业主的共同利益。因维修物业或者公共利益,业主确需临时占用、挖掘道路、场地的,应当征得业主委员会和物业服务企业的同意;物业服务企业确需临时占用、挖掘道路、场地的,应当征得业主委员会的同意。业主、物业服务企业应当将临时占用、挖掘的道路、场地,在约定期限内恢复原状。据此可知,本案中的物业服务公司未经业主委员会同意,擅自在小区公共通道上面挖沟,且未设置警示标志,造成小朋友身体伤害,应当赔偿相关治疗费用。但需要注意的是,小朋友的家长本身也负有监护义务,因此应当减轻一部分的赔偿责任。

26. 家住在顶层,屋顶漏雨,是否可以申请专项维修资金?

案例

王某的住宅在顶层,下雨时漏水严重。王某知道该小区有专门用于维修业主屋顶的专项维修资金,就向物业申请维修。但物业的人却拒绝了王某的要求,给出的理由是:虽然该房子以前的房主交过维修资金,但王某在买房之时,并没有交纳这笔费用,所以只能自己出钱维修。王某是否有权申请专项维修资金?

解析

根据《物权法》第七十二条的规定,业主对建筑物专有部分以外的共有部分,享有权利,承担义务;不得以放弃权利不履行义务。业主转让建筑物内的住宅、经营性用房,其对共有部分享有的共有和共同管理的权利一并转让。据此可知,该房子以前的房主,已经交纳了维修资金,这部分资金在前房主将房屋转让给王某之时,关于维修资金的权益一并转让给王某,所以物业公司的理由不成立,其应当为王某修理屋顶支付专项维修资金。

（三）劳动合同篇

1. 已经工作了三个月，公司迟迟不和员工签订劳动合同，该怎么办？

案例

李某大学刚毕业，经熟人介绍去了一家专业对口的公司。因为是朋友介绍的，最开始的一个月公司没有和他签订劳动合同，虽然每个月工资按时发放，但李某的心里总是不踏实。工作了三个月之后，李某找到公司的老板，希望能够签订正式的劳动合同。老板却说，因为你是经人介绍进公司的，我们是给予照顾的，而且大家都那么熟了，劳动合同就别签了。李某很为难，但又不知道该怎么办。

解析

本案中的公司不与劳动者签订书面的劳动合同是不合法的。

劳动合同将用人单位和劳动者之间的权利义务，以最为直接的方式表述了出来，是十分重要的。但在现实生活中，有的用人单位往往倚仗着自己处于优势地位，在用工时不与劳动者签订书面的劳动合同，仅以口头的方式进行约定。在这样的情况下，如果发生了纠纷将很不利于劳动者维权。

法律针对上面的情况做了相关的规定。根据《中华人民共和国劳动合同法》（以下简称《劳动合同法》）第八十二条以及《中华人民共和国劳动合同法实施条例》（以下简称《劳动合同法实施条例》）第七条的规定：用人单位自用工之日起超过一个月不满一年未与劳动者订立书面劳动合同的,应当向劳动者每月支付两倍的工资。用人单位自用工之日起满一年未与劳动者订立书面劳动合同的,应该自用工之日起满一个月的次日至满一年的前一日向劳动者每月支付两倍的工资,并视为自用工之日起满一年的当日已经与劳动者订立无固定期限劳动合同,应当立即与劳动者补订书面劳动合同。

法律如此规定,一方面从经济角度对不规范的用人单位进行了处罚,另一方面也积极地鼓励了劳动者在受到不合法的待遇时,可以勇敢地站出来维护自己的权利。而且一个月的时间规定,对于用人单位和劳动者来说都比较人性。

在本案中,李某可以向公司要求签订劳动合同,而且可以获得两个月的工资赔偿。

2. 劳动合同里未约定劳动期限,怎么办?

案例

年初,宋某所在的公司和所有的员工签署了新的劳动合同。在拿到合同后,员工宋某心里犯了嘀咕。在这次签订新劳动合同时,大伙有的和公司签了三年的合同,有的和公司签了五年的合同,而宋某自己拿到的合同却没有规定明确的期限。这让宋某很是担心,宋某是公司的第一批员工,已经在公司干了十年,年纪也很大了。他认为公司签合同时没有约定时间,公司可以随时解雇他。

解析

在本案中,公司和宋某订立的合同是无固定期限的劳动合同。

一般情况下,劳动合同都规定了合同期限。在一定条件下,劳动者可以签订无固定期限的劳动合同。无固定期限劳动合同,是指用人单位与劳动者约定无确定终止时间的劳动合同。

根据《劳动合同法》第十四条以及《劳动合同法实施条例》第十一条的规定,在用人单位与劳动者协商一致的情况下,可以订立无固定期限劳动合同。有下列情形之一,劳动者提出或者同意续订、订立劳动合同的,除劳动者提出订立固定期限劳动合同外,应当订立无固定期限劳动合同:(1)劳动者在该用人单位连续工作满十年的;(2)用人单位初次实行劳动合同制度或者国有企业改制重新订立劳动合同时,劳动者在该用人单位连续工作满十年且距法定退休年龄不足十年的;(3)连续订立二次固定期限劳动合同,且劳动者没有《劳动合同法》第三十九条和第四十条第(一)项、第(二)项规定的情形,续订劳动合同的。

同时,还有一个特例就是:用人单位自用工之日起满一年不与劳动者订立书面劳动合同的,视为用人单位与劳动者已订立无固定期限劳动合同。

在本案中,宋某在公司已经工作了十年,公司和他签订无固定期限的劳动合同是合理、合法的。而宋某的担心是没有必要的,因为无固定期限的劳动合同相对于约定期限的劳动合同更能保护劳动者的权益,在签订了无固定期限的劳动合同后,只要没有出现法律规定的条件或者双方约定的条件,双方当事人就要继续履行劳动合同规定的义务。

3. 公司改制,员工是否需要重新与公司签订劳动合同?

案例

秦某所在的工厂改制了,而秦某手里的合同上仍是改制前的工厂,工厂改制后不仅名字改了,连企业性质都改了,那原来的那份合同是否还有效?秦某是否要和改制后的股份有限责任公司再签订一份劳动合同?

解析

在本案中，秦某和“原”工厂的劳动合同依旧有效。秦某不必和改制后的股份有限公司订立新的劳动合同。

一般来说，国有企业的改制方案应由职工大会或职工代表大会同意，私有企业的改制则应由董事会或股东大会通过。因此对于私有企业的劳动者来说，他们对于自己工作单位性质的转换，是不可掌控的。但这并不是说，职工的利益就可以随意地被侵害。

根据劳动部《关于企业实施股份制和股份合作制改造中履行劳动合同问题的通知》第一条的规定，在企业实施股份制或股份合作制改造后，用人单位主体发生变化的，应当由变化后的用工主体继续与职工履行原劳动合同。由于企业改制导致原劳动合同不能履行的，企业与职工应当依法变更劳动合同。

在本案中，秦某没有必要和改制后的股份有限公司签订劳动合同，当然，如果因为这次工厂的改制，秦某原本的合同已经不能再继续履行了，那么改制后的股份有限公司可以和秦某协商变更劳动合同的内容。

根据《中华人民共和国劳动法》（以下简称《劳动法》）第二十六条第（三）项和劳动部《关于企业实施股份制和股份合作制改造中履行劳动合同问题的通知》第二条的相关规定，如果经过改制后的企业与职工协商变更劳动合同时不能达成一致意见，则用人单位可以提前三十天，以书面形式通知劳动者本人解除劳动合同，同时给予劳动者相应的经济补偿。

4. 在小卖部勤工俭学，需要签订劳动合同吗？

案例

王某就读于某所大学，因为家境贫困，放暑假期间就到学校附近的一家小卖部勤工俭学，结算时，老板却少给了报酬。王某和老板理论，老板却说，我让你在这工作，你就应该感谢我，就别要求那么多了。王某吃了哑巴亏，却没有办法。勤工俭学是否需要签订劳动合同？

解析

王某和老板间的关系是雇佣关系而不是劳动关系，王某到超市勤工俭学，超市老板可以不和王某签订劳动合同。当然超市克扣王某劳动报酬的行为也违反了法律的规定。

根据劳动部《关于贯彻执行〈中华人民共和国劳动法〉若干问题的意见》第十二条的规定，大学生勤工俭学的行为不视为就业，与用人单位之间并未建立劳动关系，因此，可以不签订劳动合同。因此勤工俭学不能用《劳动法》以及相关法律来规范，其只能作为雇佣关系适用《中华人民共和国民法总则》（以下简称《民法总则》）和《合同法》的相关规定。

在本案中，因为王某是作为在校生在超市临时打工，不属于就业，因此超市老板不和王某签订劳动合同这点并没有违反法律的规定。但是超市老板还是应该按照和王某的约定，来支付劳动报酬。当然，王某和超市老板之间如果仅以口头的方式约定了报酬的话，其维权的难度会比较大。

在此，我们要提醒各位参与或者打算参与勤工俭学的同学，勤工俭学不需要签订劳动合同，但是不意味着就不能和工作单位签订相关的合同和协议。从维护自己权益的角度出发，最好在“打工”前能与工作单位签订一份协议，对工作内容、工作时间、薪水以及相应的劳动保护等方面的内容进行规定，以明确双方的权利义务。

5. 毕业生就业协议和劳动合同有哪些区别?

案例

方某毕业后,按照相关的流程顺利地和公司签订了毕业生就业协议,之后就到公司上班了。在工作中他得知和他一起入职的另一名同事已经和公司签订了劳动合同,而公司却没一点找他签订劳动合同的意思。经过询问,公司告诉方某,因为公司已经和他签了毕业生就业协议,而毕业生就业协议上有关工作的相关内容都规定得非常清楚了,所以公司就不再和方某签订劳动合同。方某看了一下自己的毕业生就业协议,上面的内容倒是也很全面,而且加上了附加条款后和劳动合同也别无二致,但是他还是很担心自己没有劳动合同,会得不到劳动法的保护。

解析

本案涉及毕业生就业协议和劳动合同两者的区别的法律问题。从内容上看,毕业生就业协议和劳动合同非常相似,但是两者之间还是有一定的区别。

毕业生就业协议,通常也被称作“三方协议”,是高校毕业生与用人单位确立劳动关系,明确双方在毕业生就业工作中权利和义务的协议。教育部颁布的《普通高等学校毕业生就业工作暂行规定》要求:“经供需见面和双向选择后,毕业生、用人单位和高等学校应当签订毕业生就业协议书,作为制定就业计划和派遣的依据。”而劳动合同是劳动者与用人单位确立劳动关系,明确双方权利和义务关系的协议。根据《劳动法》第十六条的规定,建立劳动关系应当订立劳动合同。两者的区别主要集中在以下几个方面:

(1)适用的法律、法规不同。

劳动合同适用《劳动法》《劳动合同法》及劳动人事部门颁布的有关劳动人事方面的规章。毕业生就业协议适用教育部颁布的《普通高等学校毕业生就业工作暂行规定》和有关政策。

(2)适用主体不同。

劳动合同是劳动者与用人单位之间确立劳动关系的协议,只要双方当事人协商一致,符合国家的法律、政策法规,无欺诈、胁迫等手段,经双方签字盖章,合同即生效。毕业生就业协议目前除毕业生与用人单位双方签字、盖章外,尚需学校和鉴证机关(人事部门)参与。

(3)内容不同。

劳动合同的内容依据《劳动合同法》规定得比较详细。毕业生就业协议的条款比较简单,主要是毕业生如实向用人单位介绍自己的情况,愿意在规定期限内到用人单位报到,用人单位如实向毕业生介绍本单位情况,同意录用该毕业生等,另外还有一些简单条款。

(4)适用的人员不同。

劳动合同可以适用于各类人员。凡是中华人民共和国公民只要有劳动能力并符合法律规定的条件,经过供需见面、双向选择,一经录用都可以与用人单位签订劳动合同。毕业生就业协议只适用于高校毕业生。

(5)签订时间不同。

一般来说,毕业生就业协议签订在前,劳动合同订立在后。毕业生就业协议是毕业生在找工作过程中,落实用人单位后签订的,毕业生就业协议的签订时间在学生离校前。而劳动合同是毕业生到用人单位报到后订立的。如果毕业生与用人单位在工资待遇、住房等方面有事先约定,可在就业协议的约定条款中注明,附后补充,日后订立劳动合同时对此内容应予以认可。

在本案中,根据上述规定可以看出,毕业生就业协议和劳动合同还是存在极大不同的。虽然现实生活中,毕业生就业协议可以从侧面对劳动合同予以补充,但是从维护劳动者和用人单位权益的角度出发,还是应该在入职后尽快签订劳动合同。当然,在没有劳动合同的时候发生争议,毕业生就业协议对于证明劳动者和单位的劳动关系还是有一定帮助的。

6. 什么是集体合同?

案例

外地务工人员陈某被某物业公司录用为小区保洁人员,入职后他和公司签订了一份三年的劳动合同。可才过了一个月,陈某就听说该物业公司的工会和该物业公司开展了集体协商,准备签订集体合同。同时陈某还听说,集体合同虽然是由工会和公司两家协商签订,合同的效力却是对全公司范围内的职工都有效。陈某以前只听说过劳动合同,对于集体合同的相关情况并不了解,他认为自己才入职还没有加入工会,对于公司的内部管理也不是很熟,对这份合同是否对他有效拿捏不准。

解析

陈某所在公司的工会和公司签订集体合同的行为是合法的,一旦集体合同获得了劳动行政部门的批准,那么集体合同将对公司里所有的劳动者具有约束力。

从概念上看,根据《集体合同规定》第三条的规定,集体合同就是指用人单位与本单位职工根据法律、法规、规章的规定,就劳动报酬、工作时间、休息休假、劳动安全与卫生、职业培训、保险福利等事项,通过集体协商签订的书面协议。

从订立方式上来看，根据《劳动合同法》第五十一条的规定，企业职工一方与用人单位通过平等协商，可以就劳动报酬、工作时间、休息休假、劳动安全卫生、保险福利等事项订立集体合同。集体合同草案应当提交职工代表大会或者全体职工讨论通过。集体合同由工会代表企业职工一方与用人单位订立；尚未建立工会的用人单位，由上级工会指导劳动者推举的代表与用人单位订立。

从内容上看，根据《集体合同规定》第八条的规定，集体合同中可以包括：劳动报酬、工作时间、休息休假、劳动安全与卫生、补充保险和福利、女职工和未成年工特殊保护、职业技能培训、劳动合同管理、奖惩、裁员、集体合同期限、变更解除集体合同的程序、履行集体合同发生争议时的协商处理办法、违反集体合同的责任、双方认为应当协商的其他内容。同时如果有需要，根据《劳动合同法》第五十二条的规定，企业职工一方还可以与用人单位订立劳动安全卫生、女职工权益保护、工资调整机制等专项集体合同。

从效力上来看，根据《劳动合同法》第五十四条的规定，订立集体合同并经过劳动行政部门的审查未提出异议的，集体合同就生效。依法订立的集体合同对用人单位和劳动者具有约束力。行业性、区域性集体合同对当地本行业、本区域的用人单位和劳动者具有约束力。

在本案中，虽然陈某是才进入某物业公司的新员工，也没有加入工会，但一旦集体合同获得了劳动行政部门的批准，那么集体合同对陈某也具有约束力。

7. 劳务派遣需注意哪些问题？

案例

赵某是一名手机 APP 软件工程师，应聘过程中，一家劳务派遣公司联系了他,问他愿不愿意到某知名 IT 企业工作。劳务派遣公司表示,可以和赵某签订一份两年期的劳动合同,赵某的工作性质属于劳务派遣,签订合同后由劳务派遣公司将他外派到某知名的 IT 公司工作。对于劳务派遣公司的说法,赵某有些心动也有些顾虑,一方面自己不愿意失去这个就业的机会,但另一方面自己也担心劳务派遣公司的合法性,担心如果劳务派遣公司无法顺利地给自己安排工作,那么自己的收入将会没有保障。

解析

劳务派遣,指劳务派遣单位与被派遣劳动者订立劳动合同后,将该劳动者派遣到用工单位从事劳动的一种特殊的用工形式。

在这种特殊用工形式下,劳务派遣单位与被派遣劳动者建立劳动关系,但不直接管理和指挥劳动者从事劳动;用工单位直接管理和指挥劳动者从事劳动,但是与劳动者之间不建立劳动关系。实际用工单位与劳务派遣单位签订劳务派遣协议,劳务派遣单位与劳务人员签订劳动合同。

从以上的说明中,可以看出赵某对于劳务派遣公司合法性的担忧是完全没有必要的。当然需要注意的是,从保护劳动者的角度出发,《劳动合同法》对劳务派遣单位和用工单位规定了一些义务。

根据《劳动合同法》的相关规定,劳务派遣单位对劳动者有以下的义务:

(1)劳务派遣单位应当与被派遣劳动者订立两年以上的固定期限劳动合同,按月支付劳动报酬;

(2)被派遣劳动者在无工作期间,劳务派遣单位应当按照所在地人民政府规定的最低工资标准,向其按月支付报酬;

(3)劳务派遣单位应当将劳务派遣协议的内容告知被派遣劳动者;

(4)劳务派遣单位不得克扣用工单位按照劳务派遣协议支付给被派遣劳动者的劳动报酬。

根据《劳动合同法》第六十二条的规定，用工单位对劳动者有以下的义务：

(1)执行国家劳动标准，提供相应的劳动条件和劳动保护；

(2)告知被派遣劳动者的工作要求和劳动报酬；

(3)支付加班费、绩效奖金，提供与工作岗位相关的福利待遇；

(4)对在岗被派遣劳动者进行工作岗位所必需的培训；

(5)连续用工的，实行正常的工资调整机制；

(6)用工单位不得将被派遣劳动者再派遣到其他用人单位。

在本案中，赵某如果可以接受劳务派遣公司提出来的要求，并且想把握住这次工作机会的话，他应该考虑和劳务派遣公司签订劳动合同。如果劳务派遣公司或者某知名的IT公司违反了上述义务，赵某可以用法律的武器来维护自己的权益。

8. 公司可以招聘"临时工"吗？

案例

李某是某公司的人事主管，负责公司的人员安排和调动。由于公司的员工本职工作繁忙，平时对公司的保洁工作无暇顾及。为了保证公司的形象，李某打算找一位保洁阿姨每天早上来打扫卫生。然而公司的人事制度非常严格，李某认为录用保洁阿姨为公司员工并不合适，只想找个临时工，但又怕违反了法律。

解析

本案中的问题其实很好解决，李某可以适用《劳动合同法》中非全日制用工的相关规定。《劳动合同法》第六十八条规定："非全日制用工，是指以小时计酬为主,劳动者在同一用人单位一般平均每日工作时间不超过四小时,每周工作时间累计不超过二十四小时的用工形式。"

在《劳动合同法》颁布后,许多的用工形式得到了规范,使"临时工"等名词不再具有法律上的效力,这很大程度地保障了劳动者的权益。但是在现实生活中,很多单位甚至普通的家庭都会遇到这样问题,那就是需要请人来做保洁、家政等工作。在没有了"临时工"这一概念后,《劳动合同法》对此也做了相应的规定,那就是"非全日制用工"。从法律的角度上来说,"非全日制用工"是劳动关系,而不是劳务关系。

根据《劳动合同法》第六十九条、第七十条、第七十一条的规定,非全日制用工有下列特殊性:

(1)非全日制用工双方当事人可以订立口头协议。并且,从事非全日制用工的劳动者可以与一个或者一个以上用人单位订立劳动合同;但是,后订立的劳动合同不得影响先订立的劳动合同的履行。

(2)非全日制用工双方当事人不得约定试用期。

(3)非全日制用工双方当事人任何一方都可以随时通知对方终止用工。终止用工,用人单位不向劳动者支付经济补偿。

相较于普通的劳动关系,《劳动合同法》第七十二条还对非全日制用工的薪酬问题做了单独的规定:"非全日制用工小时计酬标准不得低于用人单位所在地人民政府规定的最低小时工资标准。非全日制用工劳动报酬结算支付周期最长不得超过十五日。"

一般来说,保洁工作每日工作时间不会超过四小时。因此在本案中,李某不需要和保洁阿姨签订书面的劳动合同,双方可以订立口头协议,但需符合《劳动合同法》中关于非全日制用工的相关规定。

9. 外派员工，应该和谁签订劳动合同？

案例

赵某是A工厂的技术骨干，A工厂和一家外资企业出资成立了C公司，赵某则以技术指导员的身份，被C公司“借”了过去。赵某对于自己的技术很有信心，但是对于自己在新岗位上的身份却是一头雾水。他不清楚到了新的岗位后，自己和A工厂的劳动合同是否还继续有效？也不清楚自己去C公司需不需要签订新的劳动合同？

解析

在本案中，赵某和某工厂的劳动合同依旧有效。如果要签订新的劳动合同，赵某仍应该和A工厂签订。

在现实生活中，员工被外单位借用或者员工被外派到别的单位工作的事情时有发生。在这些情况下，员工的身份问题容易引发纠纷，员工的工资、福利发生争议时，往往会出现几个公司相互推诿的情况。其实界定员工的身份并不复杂，一般来说，如果员工和原来所在的工作单位一直保持着劳动关系，即使需要签订新的劳动合同，也应该是和原工作单位签订劳动合同。

劳动部《关于贯彻执行〈中华人民共和国劳动法〉若干问题的意见》对此问题做了相应的规定，其中第七条规定：“用人单位应与其长期被外单位借用的人员、带薪上学人员以及其他非在岗但仍保持劳动关系的人员签订劳动合同，但在外借和上学期间，劳动合同中的某些相关条款经双方协商可以变更。”第十四条规定：“派出到合资、参股单位的职工如果与原单位仍保持着劳动关系，应当与原单位签订劳动合同，原单位可就劳动合同的有关内容在与合资、参股单位订立劳务合同时，明确职工的工资、保险、福利、休假等有关待遇。”

在本案中,赵某是A工厂的技术工人,虽然他以技术指导员的身份到C公司上班,但并未改变其和A工厂的劳动关系,他和A工厂的劳动合同依旧合法有效。当然,赵某被“借”的性质有待进一步明确,如果赵某是外派员工,他应该和A工厂签订劳动合同,并由A工厂与C公司订立劳务合同,以明确赵某的工资、保险、福利等内容。如果赵某是被C公司借用的员工,他同样应该和A工厂签订劳动合同,但是可以按照现实情况,对合同的内容进行变更。

10. 试用期合同合法吗?

案例

吴某从学校毕业后,找到了一份比较心仪的工作。和公司签订劳动合同时,公司的主管对他说,让他从九月开始就来公司工作,工作的试用期为四个月,这一个阶段只签订试用期合同。到了第二年一月,四个月的试用期结束,公司会和他签订为期两年的正式合同。吴某觉得公司给他安排了四个月的试用期有点长了,想和领导商量下。而公司的主管却坚持说公司有自己的管理制度,所有员工的劳动合同都是在年初统一签订的,这是企业的规定。那么公司的这种制度是否符合法律的规定呢?

解析

“试用期”是出自劳动法的一个概念,它是用人单位考察劳动者是否适合其工作岗位的一项制度。《劳动法》规定,劳动合同可以约定试用期。试用期最长不得超过六个月。在劳动合同中约定试用期,有它的积极意义。因此,法律规定了“试用期”这个概念,让用人单位和劳动者可以有一段时间来进行磨合,使双方能够找到较为合适的人选和岗位,也使最终确立的劳动关系能够更加稳固。

当然,“试用期”劳动者的保障和待遇都没有达到正式员工的水平,因此从保护劳动者的角度出发,法律对于“试用期”做了限制性的规定。《劳动合同法》第十九条第一款规定:“劳动合同期限三个月以上不满一年的,试用期不得超过一个月;劳动合同期限一年以上不满三年的,试用期不得超过二个月;三年以上固定期限和无固定期限的劳动合同,试用期不得超过六个月。”此外,《劳动合同法》第十九条第四款还规定:“试用期包含在劳动合同期限内。劳动合同仅约定试用期的,试用期不成立,该期限为劳动合同期限。”

在本案中,公司和吴某所签订的劳动合同中,对于“试用期”的规定有两个不合法之处。第一,所签订的劳动合同期限是两年,按照法律的规定属于“一年以上不满三年”的范畴,公司要求的四个月的试用期是不合法的,试用期不得超过两个月。第二,公司从九月起到年底和吴某签订的合同为“试用期合同”,等到了来年再签订“正式的劳动合同”,这种做法也是不合法的,应当将试用期归入劳动合同期限内。

11. 用人单位是否可以代扣员工工资?

案例

江某和其老父亲关系十分不好,自江某结婚后,他就搬出去住,几乎不回家看望老父亲,致使江父的生活过得非常窘迫。江父将江某诉至法院,要求江某按月支付赡养费800元。判决下发后,江某依旧我行我素,拒绝给老父亲任何经济上的帮助。两个月后,江某发现自己每月的工资少了800元,找到财务后得知,这800元是被扣去作为其父亲赡养费的。江某认为单位的行为属于克扣工资,打算到相关部门去讨个说法。江某所在单位扣下江某这800元的做法是否合法?

解析

江某所在的公司扣了800元用于赡养江某的父亲,不属于克扣工资而是代扣工资,公司的做法是完全合法的。

克扣工资是指用人单位无正当理由扣减劳动者应得工资。用人单位对于劳动者处于管理者的身份,工资一般也是在劳动者完成当月工作后,在月底或者下个月初才发放。在劳动者已经提供了正常劳动的情况下,用人单位如果不按照劳动合同规定的标准支付给劳动者足额的劳动报酬,那么劳动者是很难在一个对等的地位上去和用人单位进行协商和沟通的。因此,现实生活中,克扣工资的行为可以说是劳动关系中最为常见的纠纷。

但需要指明的是,单位在某些情况下可以代扣职工的工资,这和克扣工资的情形是不一样的。比如,用人单位从劳动者的工资中扣除个人所得税、扣除劳动者个人应当缴纳的社会保险费用等,这些行为都是合法的。《工资支付暂行规定》第十五条明确规定,用人单位不得克扣劳动者工资。有下列情况之一的,用人单位可以代扣劳动者工资:

(1)用人单位代扣代缴的个人所得税;

(2)用人单位代扣代缴的应由劳动者个人负担的各项社会保险费用;

(3)法院判决、裁定中要求代扣的抚养费、赡养费;

(4)法律、法规规定可以从劳动者工资中扣除的其他费用。

除了上述情况外,现实生活中大量存在用人单位工资和经济效益相挂钩的情况,因此,《对〈工资支付暂行规定〉有关问题的补充规定》第三条对上述的条款进行了补充。例如,单位经济效益下浮,用人单位不得不减发工资的，属于依法减发工资的情况。除此以外，以下这些情况下的减发工资也不属于克扣工资的行为：

(1)国家的法律、法规中有明确规定的；

(2)依法签订的劳动合同中有明确规定的；

(3)用人单位依法制定并经职代会批准的厂规、厂纪中有明确规定的；

(4)因劳动者请事假等相应减发工资等。

在本案中，江父将江某诉至法院后，法院也作出了相应的判决要求江某按月支付赡养费800元。江某无视法院的判决而拒绝履行，这个时候江父可以向法院申请强制执行，法院会要求江某所在的单位进行相应的协助，也就是直接从江某未发放的工资中代扣800元的赡养费。由此可以看出，江某所在公司的做法符合法律的规定，可以从江某的工资中代扣800元的赡养费交由法院执行。

12. 最低工资标准是否需要扣除包吃包住的费用？

案例

冯某在某制衣厂当颜色烫染操作工，她和制衣厂所签订的合同约定：每月工资1000元，包吃包住。签订合同的时候，制衣厂所在地的最低工资标准也是1000元。工作一年后，因为物价上涨，当地人民政府的相关部门决定将当地的最低工资标准调至每月1100元。冯某找到制衣厂的领导，希望领导也给她加工资。而领导则表示，工资是进厂的时候就定好的，不会改。领导还告诉冯某，其在制衣厂里工作时，已经享受了包吃包住的待遇，制衣厂给包吃包住所付出的费用加上冯某的工资早就不止1100元了。同时领导还告诉冯某，因为物价上涨，员工包吃包住的开销也大大增加,如果冯某执意要求增加工资,那么制衣厂将不再负责冯某的吃住。制衣厂领导的说法是否合理?

解析

在最低工资标准有所改变的时候,制衣厂应该按照规定保证本厂的职工工资等于或者高于最低工资标准。制衣厂包吃包住的行为不影响最低工资标准的限制。

最低工资标准的设置,为的是划出一条底线来保障劳动者的权益。随着经济增长、物价提高,如果这条底线依旧维持不变,那将起不到保障劳动者权益的目的。一般来说,确定最低工资标准一般考虑城镇居民生活费用支出,职工个人缴纳社会保险费、住房公积金,职工平均工资,失业率,经济发展水平等因素。

根据劳动和社会保障部第 21 号令《最低工资规定》第六条和第十条的规定,确定和调整月最低工资标准,应参考当地就业者及其赡养人口的最低生活费用、城镇居民消费价格指数、职工个人缴纳的社会保险费和住房公积金、职工平均工资、经济发展水平、就业状况等因素。最低工资标准发布实施后,如果相关因素发生变化,应当适时调整。最低工资标准每两年至少调整一次。《最低工资规定》第十一条还规定,用人单位应在最低工资标准发布后十日内将该标准向本单位全体劳动者公示。

在本案中,工资是以货币的形式支付给劳动者的,因此制衣厂包吃包住应当不属于工资的组成部分。在计算冯某这样包吃包住工人的工资时,不应当将这些费用计算在内。因此,即使是包吃包住,工资也不能低于最低工资标准。在工资标准调整以后,制衣厂也应当做出相应的调整,将冯某的工资提高到 1100 元。需要指出的是,“包吃包住”的条件是制衣厂和冯某在签订劳动合同之时就约定好的,制衣厂同样不能因为提高了冯某的工资,而单方面宣布不再负责冯某的吃住。

13. 辞职后，员工两年内不能再从事该领域内的工作吗？

案例

陈某是某出国留学教育培训公司的人事培训主管，专门负责管理培训公司内部的教师，并安排培训教师授课。经过工作上的接触，陈某获得了培训公司内部所有老师的资料和联系方式，并且和老师们建立了良好的关系。这个时候该培训公司的主要竞争对手——同城的另外一家培训公司向陈某抛出了橄榄枝，表示只要陈某加盟他们的培训公司，薪水由其自己定。陈某向自己所在的培训公司提出辞职。培训公司给陈某办理完离职手续的同时还向其发了一份告知书，告知他在离职两年内不能从事培训行业的相关工作。陈某很诧异，经过询问得知公司当时和他签订的合同中有一个条款规定：“辞职后两年不能从事本行业有关的职位。”陈某觉得这个条款限制了他的自主择业权，希望通过有关部门来撤销合同中的这个条款。那么陈某的要求能否得到支持呢？

解析

本案中劳动合同中的竞业限制条款合法有效，陈某辞职后的两年内，他不能到同城另外一家从事同样业务的培训公司工作。

所谓竞业限制，是指劳动者在离开用人单位后的一定期限内，不得在生产同类产品或经营同类业务且有竞争关系或其他利害关系的其他单位任职，也不得自己生产、经营与原用人单位有竞争关系的同类产品或业务。这项制度的制定可以有效地保证用工市场处于一个相对合理健康的工作环境，避免恶性竞争。

根据《劳动合同法》第二十三条的规定，用人单位与劳动者在签订劳动合同时，可以通过协商约定保守用人单位的商业秘密和与知识产权相关的保密事项。对负有保密义务的劳动者,用人单位可以在劳动合同或者保密协议中与劳动者约定竞业限制条款,并约定在解除或者终止劳动合同后,在竞业限制期内按月给予劳动者经济补偿。当然,不是所有的劳动者都需要与单位签订竞业限制条款,为了防止用人单位滥用竞业限制条款,《劳动合同法》第二十四条对竞业限制的人员的范围作了规定,竞业限制的人员限于用人单位的高级管理人员、高级技术人员和其他负有保密义务的人员。一般来说,在高科技行业中,订立竞业限制条款的情况比较多。用人单位与劳动者订立竞业限制条款时,必须对竞业限制的范围、地域、期限进行约定,竞业限制的约定不得违反法律、法规的规定。

在本案中,陈某作为某出国留学培训公司的人事主管,掌握着教师的资料和联系方式等很重要的商业情报。因此该出国留学培训公司可以要求陈某遵守保密义务,在合同中约定竞业限制条款。从合同内容的实质上看,双方约定了"辞职后两年不能从事本行业有关的职位"的限制。因此,陈某必须遵守合同的规定,在辞职后的两年内不能到和原来所在培训公司从事同样业务的公司去工作。

14. 员工被公司裁员后无任何收入来源,还要承担竞业禁止义务吗?

案例

马某是某电脑软件公司的程序员,负责开发网络游戏,进入公司之时他与公司签订的劳动合同中约定了为期两年的竞业限制期限,合同中还进一步约定:如果员工违反了竞业限制的相关义务,则需要支付公司5万元的违约金。然而马某进入公司不到三个月,公司就因为经营状况的恶化宣布即将裁员,马某不幸出现在裁员的名单中。失业后的马某受竞业限制的约束,两年内不能到其他软件公司就职,而他除了擅长游戏软件编程外没有别的求职优势，因此在经济上陷入了窘迫的境地。虽然该电脑软件公司给了马某一笔 2 万元的补偿款，但是这笔钱远远不够他两年的开销。如果马某违反竞业限制的约定到其他公司求职，他还要承受高达 5 万元的违约金，这对于马某来说无疑是雪上加霜。那么马某应该如何保护自己的利益呢？

解析

本案中马某在遵守竞业限制约定时，可以向某电脑软件公司要求支付经济补偿金，公司不支付补偿金的情况下，马某可以不受竞业限制条款的约束。

竞业限制的约定往往采取了限制劳动者的就业自由的方式，这在保护了用人单位的相关利益的同时，必然会使劳动者受到经济上的损失。最为直观的就是，为了遵守合同中约定的竞业限制条款，劳动者最长可能在两年内无法从事相关行业的工作。因此，用人单位应当向劳动者支付一定的经济补偿金。如果用人单位不支付或者停止支付补偿金，则竞业限制条款对劳动者的约束也随之终止。

对于竞业限制的补偿，《劳动合同法》第二十三条第二款规定："对负有保密义务的劳动者，用人单位可以在劳动合同或者保密协议中与劳动者约定竞业限制条款，并约定在解除或者终止劳动合同后，在竞业限制期限内按月给予劳动者经济补偿。劳动者违反竞业限制约定的，应当按照约定向用人单位支付违约金。"

在本案中，马某和某电脑软件公司的劳动合同中约定了两年的竞业限制期限和 5 万元的违约金，这些都是合法的，然而没有约定补偿金却成了合同的致命伤。马某可以要求公司在竞业限制期限内按月支付给他相应的补偿金。如果公司拒绝支付补偿金，那么马某则无须遵守竞业限制条款的规定。

需要注意的是,违约金和补偿金在我国法律中并没有硬性的规定,因此违约金和补偿金的数额一般都由签订劳动合同的双方协商来确定。当然违约金和补偿金在数额上大体上要合理,如果数额过于悬殊,那么在法律实践中会被判令做出调整,甚至会导致竞业限制条款的无效。

15. 公司规定的工作时间超出八小时,还要求员工加班合法吗?

案例

何某刚从某职业技术学校毕业,便找到了一份办公室行政文员的工作,公司要求每位员工每天早上八点半就上班、下午六点才下班,而且公司还规定办公室的每位员工在周六日要实行轮班制度。何某刚从学校毕业,新工作的一切都令她措手不及,同时她也对单位用工制度是否合法产生疑问。

解析

本案主要涉及的是何某单位的用工制度是否符合标准工时制度的法律问题。何某所在单位是否违法不能一概而论,而应该详细看单位对于用工时间的具体安排以及工资计算方式。

标准工时制度是由法律确定的一昼夜中工作时间长度,一周中工作时间长度,并要求各用人单位和一般职工普遍实行的基本工时制度。标准工时制度对于工作时间的长度做了限制性的规定,保证了劳动者在正常的用工制度下能有获得休息的权利。

《劳动法》第三十六条规定:“国家实行劳动者每日工作时间不超过八小时、平均每周工作时间不超过四十四小时的工时制度。”而国务院《关于职工工作时间的规定》第三条规定:“职工每日工作 8 小时、每周工作 40 小时。”显然上述的法律在每周工作时间上有了四小时的差距。国务院《关于职工工作时间的规定》是根据《劳动法》的内容，做出了优化修改，新法优于旧法。另外针对这个差距，劳动部《关于职工工作时间有关问题的复函》作了进一步的规定，如果用人单位安排的工作时间每周超出四十小时但不足四十四小时，不作为延长工作时间处理，但是劳动行政部门有权要求用人单位改正。因此可以看出，我国实行的是每日八小时的工作制度，每周工作五天。

现实中具体的用工时间是否合法还需要进一步计算。有的用人单位会给员工中午留出一定的午休时间，这不能算作工作时间；有的用人单位虽然安排员工在周六、日工作，但它同时也安排了调休，那么也没有违反标准工时制度。

在本案中，虽然何某所在的公司要求员工每天早上八点半上班，下午六点才下班，而且还要求办公室的员工周末轮流值班，这看起来大大超过了八小时的工作时间，但实际的用工时间是否合法还需要进一步的分析。如果何某所在的公司给员工安排的工作时间超出了标准工时制度的规定，那么何某和其他员工可以要求公司支付加班工资。

16. 运输公司安排的工作时间合法吗？

案例

夏某是一名货运公司的司机，专门负责公司的长途运输项目，有的时候一离开家就是半个多月。夏某的儿子小夏才上初中，对爸爸这种常常不在家的状态十分不满意。一天，小夏从电视里的普法知识讲座中得知，我国实行的是每天工作八小时，每周工作四十小时的标准工时制度。小夏认为爸爸所在的公司违反了劳动法的相关规定。等爸爸回家后，便想拉着爸爸去找他们单位的领导去理论。那么这种用人制度是否违反了法律的规定？

解析

本案涉及了两个法律概念：不定时工作制和综合计算工时制度，这两个概念是对标准工时制度所作的补充。夏某作为长途运输的驾驶员，其工作时间不受标准工时制度的规范。

标准工时制度规定每日工作八小时、每周工作四十小时，这是一种常态，大部分人都是白天上八小时的班、周末双休。然而对于从事外勤、推销工作的人来说上下班不一定有准点，对于从事长途运输、建筑、旅游等行业的人来说工作时间的长短也不好确定，这都不可能按照标准工时制度的规定来工作。因此法律规定了两个与标准工时制度相对应的概念：不定时工作制和综合计算工时制度。

不定时工作制是指每一工作日没有固定的上下班时间限制的工作时间制度。它是针对因生产特点、工作特殊需要或职责范围的关系，无法按标准工作时间衡量或需要机动作业的职工所采用的一种工时制度。综合计算工时制度则指的是企业对符合条件的职工，分别以周、月、季、年等为周期，综合计算工作时间，但其平均日工作时间和平均周工作时间应与法定标准工作时间基本相同的一种制度。

《关于企业实行不定时工作制和综合计算工时工作制的审批办法》第三条规定："企业因生产特点不能实行《中华人民共和国劳动法》第三十六条、第三十八条规定的，可以实行不定时工作制或综合计算工时工作制等其他工作和休息办法。"第四条和第五条则分别明确了这两种制度的适用范围。

企业对符合下列条件之一的职工，可以实行不定时工作制：

(1)企业中的高级管理人员、外勤人员、推销人员、部分值班人员和其他因工作无法按标准工作时间衡量的职工；

(2)企业中的长途运输人员、出租汽车司机和铁路、港口、仓库的部分装卸人员以及因工作性质特殊,需机动作业的职工;

(3)其他因生产特点、工作特殊需要或职责范围的关系,适合实行不定时工作制的职工。

企业对符合下列条件之一的职工,可实行综合计算工时工作制:

(1)交通、铁路、邮电、水运、航空、渔业等行业中因工作性质特殊,需连续作业的职工;

(2)地质及资源勘探、建筑、制盐、制糖、旅游等受季节和自然条件限制的行业的部分职工;

(3)其他适合实行综合计算工时工作制的职工。

在本案中,夏某的工作是长途运输,是不可能按照标准工时制度的规定来工作的。对运输公司来说,在确保了职工休息休假权利,充分听取职工意见的基础上,可以采用集中工作、集中休息、轮休调休、弹性工作时间等适当方式,而不必遵守标准工时制度的规定。

17. 什么情形下单位应该给孕妇更换岗位?

案例

朱某是某汽车修理厂的维修工,在朱某怀孕三个月时,丈夫余某觉得朱某的日常工作经常要做弯腰、下蹲等动作,可能会对胎儿的发育不利,于是,他建议朱某向厂里反映情况,让领导给她调换个适合现在身体状况的岗位。朱某觉得丈夫说得有道理,于是向领导提出了调换工作的要求,领导却让朱某再坚持干四个月,等她怀孕七个月的时候再考虑给她调换岗位。领导应不应该及时给朱某调换工作呢?

解析

本案主要涉及孕期禁忌从事的劳动范围的法律问题。朱某的领导应该给她及时调换工作。

孕育下一代对任何人而言都是一件值得高兴的大喜事。处于怀孕期间的女性由于身体状况的不断变化需要精心的照顾和细心的呵护。为保障怀孕期间女职工的身心健康及其子女的正常发育和成长,我国法律出台了一系列的相关保护政策,规定了女职工孕期禁忌从事的劳动范围。

根据我国《劳动法》第六十一条、《女职工劳动保护特别规定》附录、《女职工禁忌劳动范围的规定》第六条及《女职工保健工作规定》第九条的规定,不得安排女职工在怀孕期间从事孕期禁忌从事的劳动。怀孕女职工禁忌从事的劳动范围如下:

(1)作业场所空气中铅及其化合物、汞及其化合物、苯、镉铍、砷、氰化物、氮氧化物、一氧化碳、二硫化碳、氯、己内酰胺、氯丁二烯、氯乙烯、环氧乙烷、苯胺、甲醛等有毒物质浓度超过国家卫生标准的作业;

(2)制药行业中从事抗癌药物及己烯雌酚生产的作业;

(3)作业场所放射性物质超过《放射防护规定》中规定剂量的作业;

(4)人力进行的土方和石方作业;

(5)《体力劳动强度分级》标准中第Ⅲ级体力劳动强度的作业;

(6)伴有全身强烈振动的作业,如风钻、捣固机、锻造等作业,以及拖拉机驾驶等;

(7)工作中需要频繁弯腰、攀高、下蹲的作业,如焊接作业;

(8)《高处作业分级》标准所规定的高处作业。

此外,对有过两次以上自然流产史,现又无子女的女职工,应暂时调离有可能直接或间接导致流产的作业岗位。

女职工怀孕期间,如果从事的工作属于孕期禁忌从事的工作,则用人单位必须为其调换工作岗位。对于不能胜任原工作的,应当根据医院出具的证明,减轻其工作量或者安排其他工作。怀孕七个月以上的女职工在工作时间内还应当安排一定的休息时间。

本案中,像朱某所从事的维修工这种需要经常弯腰、下蹲的劳动属于孕期禁忌从事的劳动。所以,朱某要求调换工作是合法的,厂方应立即为其调换工作岗位,不能以任何理由加以拖延或者拒绝。

18. 单位可以依据合同约定解聘怀孕女职工吗?

案例

李某的单位非常注重工作效率,不允许女职工怀孕,在当初签订合同的时候就告知了李某。由于李某当时大学刚毕业,又很喜欢这份工作,就签了合同。在公司一干就是八年,如今,李某已经三十岁了,她决定结婚生子,怀孕后的李某十分困惑,若按照单位的规定,单位将和她解除合同。她不知道单位这样做合法吗?

解析

本案主要涉及用人单位是否能与怀孕期间的女职工解除合同的法律问题。李某单位的做法是不合法的。

根据我国《劳动合同法》第四十二条第(四)项的规定,出于对怀孕女职工的保护,在合同期未满的情况下,用人单位不能以其怀孕、产假和哺乳为由解除劳动合同。而且,在怀孕期间,即使合同期满,用人单位也不能解除劳动合同,必须延续到孕期、产期和哺乳期满后才能解除合同。

本案中,李某单位当初和她签订的劳动合同中的“不准怀孕”的规定不合法,单位不可以李某怀孕违反劳动合同中的约定为由与她解除劳动关系。若李某的单位真的这样做,李某可以与单位协商调解或者直接采取提起劳动仲裁的方式来维护自己的合法权益。

19. 怀孕女职工是否一律不能辞退?

案例

吴某和某单位在三年前就签订了劳动合同,合同期限为四年,工作内容是销售。2016年下半年,吴某怀孕后没有按公司规章制度履行请假手续便停止工作,在家休息待产。2017年5月,吴某生下孩子后,有四个月产假。产假很快就过去了,单位通知吴某上班,并告诉她按照单位的规章制度,无故旷工累计十五天,属于严重违反单位规章制度的行为,将会开除她。单位人事部门多次电话通知吴某来上班,而吴某既不按时上班,也不请假。她的单位只好解除和吴某的劳动合同。单位可以这样做吗?

解析

本案中吴某单位的做法是合法的。

女职工在就业劳动中,因其自身的特点和弱点,法律在劳动用工方面给予了女职工更多的保护和照顾。一般情况下,用人单位不能辞退怀孕期间的女职工。

与此同时,为了彰显公平正义的原则,体现法律的公正性,根据《劳动合同法》第三十九条的规定,如果女职工在孕期内有严重违纪行为,用人单位可以辞退她。除此之外,女职工在孕期内有以下行为的,用人单位也可以与她解除合同:

(1)在试用期内被证明不符合录用条件的;

(2)严重违反用人单位规章制度的;

(3)严重失职,营私舞弊,对用人单位利益造成重大损害的;

(4)劳动者同时与其他用人单位建立劳动关系,对完成本单位的工作任务造成严重影响,或者经用人单位提出,拒不改正的;

(5)劳动者以欺诈、胁迫的手段或者乘人之危,在违背用人单位的真实意思的情况下,订立或者变更劳动合同的;

(6)被依法追究刑事责任的。以上这些规定也适用于产期和哺乳期内的女职工。

本案中,吴某的做法属于严重违反单位规章制度的行为,经单位人事部门多次提醒仍然不悔改,她所在的单位根据上述规定有权与她解除劳动合同。

20. 哺乳期的员工享有什么特殊保护?

案例

小吴进单位不到一年便怀孕生子,产假休完小吴便要上班了,她从事前台工作,还时常加班,而家里距离单位路程远,小吴不知道单位会不会允许她回家喂孩子。更让她担心的是,三个月后她的合同将到期,现在单位十分不景气,在大幅度裁员,她很担心单位不和她续签合同。针对小吴的情况,我国法律上有什么特殊规定?

解析

本案主要涉及妇女在哺乳期间劳动的相关法律问题。

哺乳期是指产后产妇用自己的乳汁喂养婴儿的时期,就是开始哺乳到停止哺乳的这段时间,一般长达十个月至一年。哺乳期是指女性生产后至其孩子满周岁期间。为了保护母婴健康,降低婴幼儿死亡率,国际上已将保护、促进和支持母婴喂养作为妇幼卫生工作的一个重要内容,我国也不例外。为此,我国出台了一系列的相关法律法规来保障哺乳期妇女的身体调养及婴儿的茁壮成长。

根据《劳动法》第六十三条、《女职工劳动保护特别规定》第五条、第九条及《关于贯彻执行〈中华人民共和国劳动法〉若干问题的意见》第三十四条的规定,女职工需要哺乳未满一周岁的婴儿的,用人单位不得安排其从事国家规定的第三级体力劳动强度的劳动和哺乳期禁忌从事的其他劳动,不得安排其延长工作时间和夜班劳动。同时,不得降低其基本工资,或者解除劳动合同。并且,女职工在哺乳期内,劳动合同期限届满时,用人单位不得终止劳动合同。劳动合同的期限应自动延续至哺乳期期满为止。

有不满一周岁婴儿的女职工,其所在单位应当在每班劳动时间内给予其两次哺乳(含人工喂养)时间,每次三十分钟。多胞胎生育的,每多哺乳一个婴儿,每次哺乳时间增加三十分钟。女职工每班劳动时间内的两次哺乳时间,可以合并使用。哺乳时间和在本单位内哺乳往返途中的时间,算作劳动时间。

本案中,小吴不用担心自己的情况,根据上述法律规定,小吴的单位不得安排其加班,并且应当在每班劳动时间内给予小吴两次哺乳的时间,每次三十分钟。而小吴的劳动合同,在哺乳期内单位不得终止劳动合同,劳动合同的期限应自动延续至哺乳期期满为止。

21. 国有企业下岗职工基本生活保障有哪些?

案例

小郑接了其父老郑的班,成为一名国有企业的职工。老郑因工伤去世,小郑一直和身患残疾的母亲相依为命。在市场经济的大环境下,小郑所在的企业进行一系列的变革,其中包括安排部分员工下岗,小郑便在其中。下岗后的小郑，由于学历不高，一直都没有找到合适的工作，生活变得十分艰苦，仅靠国有企业再就业服务中心发放的基本生活费度日。那么国有企业下岗职工基本生活保障费包括哪些部分？有什么发放标准？

解析

所谓国有企业下岗职工，指的是实行劳动合同制以前参加工作的国有企业的正式职工（不含临时合同工），以及实行劳动合同制以后参加工作且合同期未满的合同制职工中，因企业生产经营等原因而下岗，但尚未与企业解除劳动关系、没有在社会上找到其他工作的人员。

根据《国有企业下岗职工基本生活保障和再就业资金管理暂行办法》第二条、第八条的规定，国有企业下岗职工基本生活保障和再就业资金，是指由政府、企业和社会共同承担的，用于为进入国有企业再就业服务中心的国有企业下岗职工发放基本生活费、代缴社会养老、医疗和失业保险费和促进再就业工作的专项资金。

国有企业下岗职工基本生活保障资金的使用范围包括：

(1)为下岗职工发放基本生活费；

(2)为下岗职工代缴养老、医疗、失业等社会保险费。

根据《国有企业下岗职工基本生活保障和再就业资金管理暂行办法》第九条的规定，下岗职工进入企业再就业服务中心后，其基本生活费标准原则上可按略高于当地失业救济金的标准安排，并按适当比例逐年递减，但最低不得低于当地失业救济金标准，具体标准由各地根据实际情况确定。下岗职工进入企业再就业服务中心期满后仍未再就业的，应按有关规定享受失业救济，不再领取基本生活费；失业救济期满仍未就业的，应按有关规定享受社会救济。

本案中，小郑是国有企业的下岗职工，他将得到企业再就业服务中心给他发放的基本生活费，其基本生活费原则上可按略高于当地失业救济金的标准安排,并按适当比例逐年递减,但最低不得低于当地失业救济金标准,具体标准由各地根据实际情况确定。小郑进入企业再就业服务中心期满后仍未再就业的,应按有关规定享受失业救济,不再领取基本生活费;失业救济期满仍未就业的,应按有关规定享受社会救济。国有企业再就业服务中心还应为小郑代缴社会养老、医疗和失业保险费等社会保险费。

22. 职工住院治疗期间的工资如何发放?

案例

陈某2012年大学毕业后到北京某国有企业工作,双方签订了为期三年的劳动合同。该企业经济效益很好,员工工资水平较高,并且企业为所有员工按时足额缴纳了医疗保险费,因此陈某对自己的工作一直比较满意。但天有不测风云,2015年3月初,陈某患病住院治疗两个月。住院期间,公司以陈某未上班为理由,停发了陈某的工资,让其申请医疗保险待遇。陈某认为享受相关的医疗待遇和公司为其发放工资是两码事。职工在医疗期内应该享受病假工资吗?

解析

职工在医疗期内应该享受病假工资。

根据《中华人民共和国劳动保险条例》第十三条及《劳动保险条例实施细则修正草案》第十六条、第十七条的规定,劳动者患病停止工作连续医疗期间在六个月以内者,应当由用人单位按下列标准支付病伤假期工资:连续工龄不满两年者,支付本人工资的百分之六十;已满两年不满四年者,支付本人工资的百分之七十;已满四年不满六年者,支付本人工资的百分之八十;已满六年不满八年者,支付本人工资的百分之九十;已满八年及八年以上者,支付本人工资的百分之百。

劳动者患病停止工作连续医疗期间超过六个月的,病伤假期工资停发,改由劳动保险基金项下,按月付给疾病或非因工负伤救济费,其标准如下:连续工龄不满一年者,为本人工资的百分之四十;已满一年未满三年者,为本人工资的百分之五十;三年及三年以上者,为本人工资的百分之六十。此项救济费付至能工作或确定为残废或死亡时止。

本案中,陈某工龄已满两年,且他的实际医疗期为两个月,在六个月以内,符合法律的规定。根据上述规定,职工在医疗期内应该享受病假工资,陈某所在的单位应该按照陈某本人工资的百分之七十每月按时向陈某支付工资,且不能低于当地最低工资标准。单位不发放工资的做法是不正确的。

23. 员工什么情况下可以随时解除劳动合同?

案例

江某是一名来自农村的务工人员。由于学历很低,江某只能从事一些重体力劳动。迫于生活的压力,江某在一家煤矿公司从事挖煤的工作。冬季是用煤的旺季,公司为了多赚钱,强迫员工加班长达两个月,许多同事因为高强度的工作累病了。江某身体也十分虚弱,快扛不下去了,他向人事主管反映要求调休,被人事主管严词拒绝,并且威胁他若不去加班就扣留他该月的工资。江某觉得公司太黑,他想马上离开这家公司。江某可以随时解除劳动合同吗?

解析

本案中江某可以随时解除劳动合同。

根据我国《劳动合同法》第三十八条的规定,在下列情况下,劳动者可以立即解除劳动合同,不需要事先告知用人单位:

(1)用人单位以暴力、威胁或者非法限制人身自由的手段强迫劳动者劳动的;

(2)用人单位违章指挥、强令冒险作业危及劳动者人身安全的。

在用人单位有下列情形之一时,劳动者可以解除劳动合同:

(1)未按照劳动合同约定提供劳动保护或者劳动条件的;

(2)未及时足额支付劳动报酬的;

(3)未依法为劳动者缴纳社会保险费的;

(4)用人单位的规章制度违反法律、法规的规定,损害劳动者权益的;

(5)因本法第二十六条第一款规定的情形致使劳动合同无效的;

(6)法律、行政法规规定劳动者可以解除劳动合同的其他情形。

本案中,江某的单位不仅没有保障江某的休息权,还以扣留工资这种无赖的手段来逼迫病中的江某继续加班,严重违背了我国法律的精神。江某可以立即解除劳动合同,无须事先告知公司。而他所在的公司也必须给他及时结算、发放工资。

24. 合同到期公司不续约,员工能获得经济补偿金吗?

案例

李某是某化妆品公司的经理。她与单位所签订的为期两年的劳动合同即将期满。李某十分喜欢现在的工作环境,还想继续在单位工作,但是却得到了单位不打算续签劳动合同的答复。有好心的同事建议她向单位要求领取经济补偿金。李某可以领取经济补偿金吗?

解析

本案中李某可以领取经济补偿金。

经济补偿金是用人单位解除劳动合同时，给予劳动者的经济补偿。它是在劳动合同解除或终止后，用人单位依法一次性支付给劳动者的经济上的补助。

根据我国《劳动合同法》第四十六条的规定，有下列情况之一，用人单位应当向劳动者支付经济补偿金。

(1)由用人单位提出解除劳动合同，并符合如下条件之一的：

①经双方协商同意解除劳动合同的；

②劳动者患病或者非因工负伤，医疗期满后，不能从事原工作也不能从事由用人单位另行安排的工作的，用人单位提前三十日书面通知劳动者本人解除合同或额外支付劳动者一个月工资的；

③劳动者不能胜任工作，经过培训或者调整工作岗位仍不能胜任工作的，用人单位提前三十日书面通知劳动者本人解除劳动合同或额外支付劳动者一个月工资的；

④劳动合同订立时所依据的客观情况发生重大变化，致使原劳动合同无法履行，经当事人协商不能就变更劳动合同达成协议的，用人单位提前三十日通知劳动者解除劳动合同或额外支付劳动者一个月工资的；

⑤用人单位依照企业破产法规定进行重整，依法裁减人员的；

⑥用人单位生产经营发生严重困难，依法裁减人员的；

⑦企业转产、重大技术革新或者经营方式调整，经变更劳动合同后，仍需裁减人员，依法裁减人员的；

⑧其他因劳动合同订立时所依据的客观经济情况发生重大变化，致使劳动合同无法履行，依法裁减人员的；

⑨除用人单位维持或提高劳动合同约定条件续订劳动合同，劳动者不同意续订的情形外，劳动合同期满终止固定期限劳动合同的；

⑩因用人单位被依法宣告破产而终止劳动合同的；

⑪因用人单位被吊销营业执照、责令关闭、撤销或者用人单位决定提前解散而终止劳动合同的。

(2)由劳动者提出解除劳动合同,并符合如下条件之一的：

①用人单位未按照劳动合同约定提供劳动保护或者劳动条件；

②用人单位未及时足额支付劳动报酬；

③用人单位低于当地最低工资标准支付劳动者工资；

④用人单位未依法为劳动者缴纳社会保险费；

⑤用人单位的规章制度违反法律、法规的规定,损害劳动者权益；

⑥用人单位以欺诈、胁迫的手段或者乘人之危,使劳动者在违背真实意思的情况下订立或者变更劳动合同；

⑦用人单位免除自己的法定责任,排除劳动者权利,导致劳动合同无效的；

⑧违反法律、行政法规强制性规定,导致劳动合同无效的；

⑨用人单位以暴力、威胁或者非法限制人身自由的手段强迫劳动；

⑩用人单位违章指挥、强令冒险作业危及劳动者人身安全；

⑪法律、行政法规规定的其他情形。

本案中,李某的情况属于上述的由用人单位提出解除劳动合同中的第九种情况,可以领取经济补偿金。

25. 经济补偿金如何计算?

案例

马某是某出国留学教育培训中心市场专员,已经工作三年了。劳动合同期满后,单位提出续订劳动合同,但要求马某到外地工作,并降低了马某的工资,马某不同意劳动合同条件,遂向单位提出解除劳动合同,单位也同意了他的辞职申请。马某领取经济补偿金的具体数额应如何确定呢?

解析

马某的经济补偿金将根据他的工作年限、工作标准与上限等标准来确定。

我国法律为了充分保证劳动者的合法权益,保障他们能有一个稳定的工作环境,特别规定了经济补偿金这一法律内容。

根据我国《劳动合同法》第四十七条的规定,用人单位与劳动者解除劳动合同时,支付经济补偿金的计算方式如下:

以劳动者在本单位工作的年限来计算,每满一年支付一个月工资的标准向劳动者支付。六个月以上不满一年的,按一年计算;不满六个月的,向劳动者支付半个月工资的经济补偿。应该注意:法律条文中"本单位工作的年限",不是指"本单位连续工作年限",即使劳动关系有中断,也可以合并计算工作年限。

经济补偿金的工资基数计算标准是指企业正常生产情况下劳动者解除合同前十二个月的月平均工资。这里的工资是指劳动者的应得工资,一般包括:计时工资、计件工资、奖金、津贴和补贴、加班加点工资、特殊情况下支付的工资,实践中很多用人单位以劳动者的所谓"最低工资"或者"基本工资"作为工资计算基数是不合法的。

劳动者的月平均工资低于企业月平均工资的,按企业月平均工资的标准支付。劳动者月工资高于用人单位所在直辖市、设区的市级人民政府公布的本地区上年度职工月平均工资三倍的,向其支付经济补偿的标准按职工月平均工资三倍的数额支付,向其支付经济补偿的年限最高不超过十二年。我国《劳动合同法》仅对高收入者经济补偿作了补偿年限和补偿基数的限制,对普通劳动者是没有限制的,只要劳动者月工资不高于用人单位所在直辖市、设区的市级人民政府公布的本地区上年度职工月平均工资的三倍,就不存在"三倍"和"十二年"的计算封顶。

本案中,根据在单位的工作年限,马某可以领取三个月的经济补偿金,具体计算标准按照上述法律规定来计算。

26. 单位不给加班工资,员工是否可以申请劳动仲裁?

案例

冯某所在工厂要求冯某和同事加班工作,每人每天工作最少 12 小时,每两周只休息一天。加了三个月班的冯某,没有拿到一分钱的加班费,也没有得到任何调休、换休的通知。冯某认为单位应该按照法律规定办事,于是要求工厂支付加班费,但是遭到了工厂人事主管的拒绝。冯某十分生气,他可否申请劳动仲裁?

解析

本案中冯某可以申请劳动仲裁。

劳动仲裁是指由劳动争议仲裁委员会对当事人申请仲裁的劳动争议居中公断与裁决。在我国,劳动仲裁是劳动争议当事人向人民法院提起诉讼的必经程序。

根据《中华人民共和国劳动争议调解仲裁法》(以下简称《劳动争议调解仲裁法》)第二条的规定以及《劳动法》、最高人民法院《关于审理劳动争议案件适用法律若干问题的解释》、最高人民法院《关于审理劳动争议案件适用法律若干问题的解释(二)》、《劳动人事争议仲裁办案规则》等

相关规定,劳动争议可以申请劳动仲裁,具体有以下几项:

(1)因确认劳动关系发生的争议;

(2)因订立、履行、变更、解除和终止劳动合同发生的争议;

(3)因除名、辞退和辞职、离职发生的争议;

(4)因工作时间、休息休假、社会保险、福利、培训以及劳动保护发生的争议;

(5)因劳动报酬、工伤医疗费、经济补偿或者赔偿金等发生的争议;

(6)因用人单位对劳动者单方面实施行政处分和经济处罚(一次性罚款)等惩戒影响实体劳动报酬权益享受而发生的争议;

(7)因履行集体合同发生的争议;

(8)因终止事实上的劳动关系发生的争议;

(9)因劳动者人事(职工)档案转递发生的争议;

(10)因劳动者社会保险关系转移发生的争议;

(11)因收取或变相收取劳动者押金、保证金、风险抵押金等财物发生的争议;

(12)因扣押劳动者居民身份证、学历证、学位证、职称证书、职业资格证书等证件发生的争议;

(13)法律、法规、规章和司法解释规定依法应当受理的其他争议。

本案中,冯某所申请的要求单位支付加班费属于上述规定的情况,是可以申请劳动仲裁的。冯某可以通过申请劳动仲裁来维护自己的合法权益。

27. 对提起劳动仲裁的时效,法律如何规定?

案例

陈某是某建筑工地的工人,长期从事高危工作。由于单位防护设备不到位,陈某在安装窗户的时候不慎跌落,严重骨折,需要住院一年半才能康复。在住院期间,陈某的单位拒绝支付医疗费,声称骨折是陈某自己的失误导致的,要承担也应该由陈某自己负责,与单位无关。陈某与单位协商无果后想申请劳动仲裁,但是自己的病要养一年半才能好,他担心过了时效就没办法维护自己的权益了。那么解决劳动纠纷有什么时间上的限制?

解析

本案主要涉及解决劳动纠纷的时效的法律问题。

申请劳动仲裁是有时间限制的,在法定的时效期间届满之后,权利人行使请求权的,法律就不再予以保护。根据《劳动争议调解仲裁法》第二十七条的规定,劳动争议申请仲裁的时效期间为一年。仲裁时效期间从当事人知道或者应当知道其权利被侵害之日起计算。即当事人应当在知道或者应当知道自己的权利受到侵害之日起一年内,向劳动仲裁委员会申请仲裁。前款规定的仲裁时效,因当事人一方向对方当事人主张权利,或者向有关部门请求权利救济,或者对方当事人同意履行义务而中断。从中断时起,仲裁时效期间重新计算。因不可抗力或者其他正当理由,当事人不能在本条第一款规定的仲裁时效期间申请仲裁的,仲裁时效中止。从中止时效的原因消除之日起,仲裁时效继续计算。劳动关系存续期间因拖欠劳动报酬发生争议的,劳动者申请仲裁不受一年的仲裁时效期间的限制;但是,劳动关系终止的,应当自劳动关系终止之日起一年内提出。

发生劳动纠纷必须先提交劳动仲裁委员会,仲裁不服之后才能到法院提起诉讼。根据《劳动法》第八十三条的规定,如果劳动者对仲裁裁决不服,可以自收到仲裁裁决之日起十五日内向人民法院起诉。如果仲裁机构以其他理由作出不予受理的裁决,当事人可以凭该书面裁决在十五日内向人民法院提起诉讼。可见,在劳动纠纷解决这一方面,无论是仲裁，还是起诉，都有一定的时间限制。超过了这个时限，仲裁机构将不予受理，人民法院受理后也会作出驳回起诉的判决。也就是说，劳动者就无法通过这些途径来保护自己的权利了。

本案中，陈某在住院期间仲裁时效中止，出院后继续计算仲裁时效。陈某应该按照上述规定的时效及时提起劳动仲裁来维护自己的合法权益。

28. 公司欠薪，员工已经起诉至人民法院，可以适用一审终审吗？

案例

刘某是某物业公司的小区设备维修服务人员，平日里工作很辛苦，加班是家常便饭，但物业公司从来没有给刘某开过加班工资。后来由于小区业主对该物业公司的服务水平不甚满意，许多业主开始欠缴物业费，物业公司便以业主不缴纳物业费为由，拖欠了刘某三个月的工资。现在刘某和该物业公司的劳动合同纠纷已经诉至人民法院，而刘某的工资是要养活一家四口人的，他很希望法院能够尽快审结该案。他想知道，劳动纠纷案件，法院是否可以一审终审。

解析

根据《民事诉讼法》第一百六十二条的规定，基层人民法院和它派出的法庭审理符合《民事诉讼法》第一百五十七条第一款规定的简单民事案件，标的额为各省、自治区、直辖市上年度就业人员年平均工资百分之三十以下的，实行一审终审。根据《民事诉讼法》第一百五十七条第一款的规定，基层人民法院和它派出的法庭审理事实清楚、权利义务明确、争议不大的简单的民事案件，适用简易程序。

本案中,如果物业公司所欠刘某的三个月工资为所在省、自治区、直辖市上年度就业人员年平均工资的百分之三十以下,法院可以实行一审终审,刘某可以尽快追回拖欠工资。

(四)合同篇

1. 表见代理，合同是否成立?

案例

郑某的公司是一家仪表生产公司，与某仪表销售公司建立了长久的合作关系。王某便是该销售公司的业务代表，王某拿着事先盖好公章的空白合同和仪表生产公司进行业务往来。2017 年 3 月，郑某向该销售公司催要一笔货款的时候，却被该销售公司告知王某早在半年前就已经辞职不干了，公司也并未收到账单上所写的相关仪表产品，因此便拒绝支付货款。在业务员王某拿空白盖章合同与其签订协议后，销售公司不予认可怎么办?

解析

依据《合同法》第四十九条的规定，行为人没有代理权、超越代理权或者代理权终止后以被代理人名义订立合同，相对人有理由相信行为人有代理权的，该代理行为有效。这里的代理就是表见代理。一般来说，表见代理是指对于无权代理人的代理行为，善意相对人有理由相信其有代理权，因而可以向被代理人主张权利。本案中，仪表公司长期和销售公司员工王某从事业务上的往来，并且都是由王某提供盖好公司公章的空白合同，进行相关签约事项，由此可知，仪表公司完全有理由相信王某有代理权限。现在出现问题，责任理应由销售公司承担。

2. 合同一方提供商品的虚假情况导致对方损失,有何责任?

案例

某物业公司通过招标投标的方式,和某小区签订了委托合同。该小区特别要求,必须针对该小区安装全天24小时的监控设备。为了满足该小区的要求,物业公司在某电脑城的一家科技公司订购了一批监控级大容量静音硬盘。在连续使用了半年后,因散发热量过大造成电脑故障,导致物业公司监控电脑中的硬盘数据报废,直接损失数万元。事后,通过鉴定,该批硬盘并非监控级硬盘,只是普通硬盘,物业公司的损失如何赔偿?

解析

根据《合同法》第四十二条的规定,当事人在订立合同过程中故意隐瞒与订立合同有关的重要事实或者提供虚假情况,给对方造成损失的,应当承担损害赔偿责任。本案中由于科技公司以普通硬盘冒充监控硬盘,并在使用过程中造成了物业公司的损失,依据上述规定,应当承担赔偿物业公司损失的责任。

3. 约定由第三人履行债务的合同责任如何承担?

案例

冯某的印刷厂决定引进最新式胶印机,用于生产经营。于是印刷厂和某印刷机代理商签订了一份买卖8台印刷机的合同,约定由某印刷机生产商直接向冯某的印刷厂供货。冯某在接收其中的5台印刷机之后,又承接了数批印刷图书的业务,可就在冯某等待另外3台印刷机供货的过程中，突然接到印刷机生产商的通知，因和代理商有经济上的纠纷，决定停止向冯某继续供货。冯某因此遭受的损失应由谁赔偿？

解析

根据《合同法》第六十五条的规定，当事人约定由第三人向债权人履行债务的，第三人不履行债务或者履行债务不符合约定，债务人应当向债权人承担违约责任。由此可知，本案中当事人约定由胶印机的生产厂家向买方发货履行合同，但在履行过程中，因合同债务人代理商与第三人胶印机生产厂家出现纠纷，导致第三人胶印机生产厂商拒绝向买方履行合同，由此造成的损失，应当由代理商承担。

4. 债务人怠于行使到期债权怎么处理？

案例

甲公司是一家皮鞋生产公司，2016 年 1 月，与甲公司长期合作的中间商突然找到甲公司，声称因将资金借给另外一家皮质公司，所以资金周转出现困难，向甲公司借款 100 万元，约定半年后归还。鉴于该中间商一直与甲公司有良好的合作关系，在未办理任何担保的情况下，甲公司便将 100 万元借给该中间商。借款到期后，经甲公司多次催要无果，遂派人上门索要，但令甲公司震惊的是，该皮质公司是中间商负责人亲戚开的一家公司，皮质公司所欠中间商的 200 万元货款早已到期，但中间商并没有及时向皮质公司主张债权，所以导致该中间商欠甲公司欠款到期后，也一直以各种理由拖欠，拒绝偿还。甲公司该如何解决此事？

解析

根据《合同法》第七十三条的规定,因债务人怠于行使其到期债权,对债权人造成损害的,债权人可以向人民法院请求以自己的名义代位行使债务人的债权,但该债权专属于债务人自身的除外。由此可知,本案中的甲公司完全可以以自己的名义向当地的人民法院起诉,要求皮质公司偿还欠款。

5. 合同签订后能否撤销?

案例

陈某与李某合伙投资项目,李某声称自己有一个市政支持的投资项目,如果陈某想参与,可以算陈某一份。陈某决定在去投资项目实地考察之后与对方签订投资协议。可来到投资项目所在地后,因感觉投资项目并没有什么前途,在准备告辞的时候,陈某却被一帮黑衣人控制住,并声称如果当天不签投资协议,就别想出这道门。陈某为了自保,只能被迫签订了投资合同。陈某签订的合同可否被撤销?

解析

根据《合同法》第五十四条的规定,下列合同,当事人一方有权请求人民法院或者仲裁机构变更或者撤销:(1)因重大误解订立的;(2)在订立合同时显失公平的。一方以欺诈、胁迫的手段或者乘人之危,使对方在违背真实意思的情况下订立的合同,受损害方有权请求人民法院或者仲裁机构变更或者撤销。当事人请求变更的,人民法院或者仲裁机构不得撤销。但当事人要积极、正确行使撤销权维护自己的合法权益,因为《合同法》同时还规定，有下列情形之一的，撤销权消灭：(1)具有撤销权的当事人自知道或者应当知道撤销事由之日起一年内没有行使撤销权；(2)具有撤销权的当事人知道撤销事由后明确表示或者以自己的行为放弃撤销权。本案中，陈某发现所考察的投资项目并不理想，在不准备进行投资的时候，却被对方以胁迫的方式签订了合同，属于法律规定的可撤销情形，陈某可以向人民法院或者仲裁机构主张行使撤销权。

6. 债务人低价转让财产，债权人该如何处理？

案例

韩某在本市某服装批发市场做童装批发兼零售业务，于某经常大量从韩某的公司购进服装，为了资金流动方便，韩某和于某商定服装货款半个月一结，但令韩某没想到的是，两个月前于某从韩某公司拉走了价值50万元的货品后，便一直以各种理由推脱拒绝付款，后在韩某公司的业务员上门催款之时，发现于某竟然将自己名下一套价值30万元的门面房以10万元的价格低价出售给了别人。韩某该如何解决此事？

解析

根据《合同法》第七十四条的规定，因债务人放弃其到期债权或者无偿转让财产，对债权人造成损害的，债权人可以请求人民法院撤销债务人的行为。债务人以明显不合理的低价转让财产，对债权人造成损害，并且受让人知道该情形的，债权人也可以请求人民法院撤销债务人的行为。本案中债务人于某在拒绝还款的情况下，还将自己一套价值30万元的房屋以10万元的价格转让，如果受让人知情，债权人可以依法请求人民法院撤销该低价转让行为。

7. 网购包裹丢失,谁来承担责任?

案例

小丁在网上购买了价值1000元的项链,可是一周过去了,项链还是没有收到。小丁查看网上的物流信息,才发现已经签收了,可是她并没有收到货物。小丁联系了卖家,卖家回复是快递公司把货物丢失了。小丁的损失由谁来承担呢?

解析

根据《合同法》第三百一十一条的规定,在货物运输中,承运人应当将货物安全运输到目的地。承运人应当对自接收货物时起至交付货物时止所发生的货物的毁损、灭失承担损害赔偿责任。承运人对运输过程中货物的毁损、灭失承担损害赔偿责任,但承运人证明货物的毁损、灭失是因不可抗力、货物本身的自然性质或者合理损耗以及托运人、收货人的过错造成的,不承担损害赔偿责任。

本案是一起典型的网络购物货物丢失风险如何承担的问题,按照《合同法》的规定,货物风险自交承运人时起转移,除非当事人之间另外有约定。从本案中,并未看到此类约定内容,作为承运人的快递公司并未将货物送到消费者手中,且显示已被签收,也表明了并不存在法定免责条款的情形,即不存在不可抗力、货物本身自然性质或者合理损耗等因素,因此该货物丢失的责任应当由快递公司承担。

卖家可以先跟买家商量,买家同意的情况下,可以给买家重新补发一份包裹。如果买家不同意,只能让买家申请退款处理。卖家可以联系快递公司来索要赔偿。

8. 卖方迟延过户，买方能否解除该房屋买卖合同？

案例

小米打算购买一套二手房，并和卖方通过中介签订了房屋买卖合同，小米支付了定金50万元。之后又支付了首付款。当约定过户的日期来临，卖家却失去了联络。随后，中介与卖家取得了联系，卖家总以各种理由推脱。小米担心错过了买房的好时机，于是小米希望解除该房屋买卖合同，购买其他的房子。

解析

根据《合同法》第九十四条的规定，有下列情形之一的，当事人可以解除合同：(1)因不可抗力致使不能实现合同目的；(2)在履行期限届满之前，当事人一方明确表示或者以自己的行为表明不履行主要债务；(3)当事人一方迟延履行主要债务，经催告后在合理期限内仍未履行；(4)当事人一方迟延履行债务或者有其他违约行为致使不能实现合同目的；(5)法律规定的其他情形。本案中，小米与卖家签订了房屋买卖合同，就受合同的约束。双方约定了过户的日期，卖家却一直拖延，严重违反了合同的约定，属于当事人一方迟延履行主要债务，经买房人催告后，在合理期限仍未履行的情况，在这种情况下，买房人小米可以选择行使合同解除权，解除双方的买卖合同。

9. 合同解除有哪些法律后果?

案例

杨某在某农贸市场开了一间粮油店,同时也为本市部分小蛋糕店提供食品原料。由于市场饱和的原因,很多小蛋糕店纷纷结业倒闭,而与杨某有生意往来的某蛋糕店虽然没有结业,但杨某还是非常担心。为了避免因该蛋糕店倒闭而连累自己亏损,杨某可以解除供货合同吗?

解析

根据《合同法》第九十七条的规定,合同解除后,尚未履行的,终止履行;已经履行的,根据履行情况和合同性质,当事人可以要求恢复原状、采取其他补救措施,并有权要求赔偿损失。由此可知,如果杨某擅自和蛋糕店解除合同,应当承担赔偿损失的责任。

10. 提存货物是否意味着已经履行了合同?

案例

张某有一家公司经营蔬菜水果的批发业务。王某在本市经营了几家连锁超市,从张某处批发大量蔬菜水果。两个月前王某又和张某签订了10万元的水果批发合同,但是待张某备好货准备向王某发货之时,王某却一直联系不上,有消息说王某因为犯了事,跑路了。由于水果属于易腐烂变质的产品,为了避免扩大损失,张某可以提存这批货物吗?

解析

根据《合同法》第一百零一条的规定，债权人下落不明，难以履行债务的，债务人可以将标的物提存。此外，根据《合同法》第九十一条的规定，债务人依法将标的物提存，合同的权利义务终止。由此可知，本案中由于张某一直联系不上王某，只要张某将水果进行提存，就属于已经履行了合同。

11. 卖家因所需原料上涨拒绝交货，该如何承担赔偿责任？

案例

某互联网公司多年来针对网络安全问题，提供相关的解决方案。应政府相关部门要求该公司向其提供更高安全级别的解决方案。为了满足要求，该互联网公司向某电脑制造商订购了一批具有特殊要求和配置的X型号电脑。后来因制作该电脑配件的原材料价格突然上涨，该电脑制造公司拒绝履行合同。该互联网公司只好向另一家电脑制造公司高价订购了X型号的电脑。该互联网公司由于更换X型号电脑制造商所造成的损失，该如何解决？

解析

根据《合同法》第九十四条及第一百零七条的规定，在履行期限届满之前，当事人一方明确表示不履行主要债务的，另一方当事人可以解除合同。当事人一方不履行合同义务或者履行合同义务不符合约定的，应当承担继续履行、采取补救措施或者赔偿损失等违约责任。本案中，因电脑硬件价格上涨，电脑制造商拒绝继续履行合同，直接导致某互联网公司从另一家公司高价订购相关电脑产品，互联网公司可以解除合同，由此产生的费用差价,应当由该电脑制造商承担。

12. 合同相关条款如何补充?

案例

马某的公司通过竞标拿下了某大型楼盘第一期的装修设计工作,在马某高兴之余,马某公司的员工告知他,本公司竞标获得某大型楼盘的装修设计工作合同中,对于装修设计使用材料、结算款项等内容并没有作具体的约定,一旦出现纠纷,本公司有可能吃亏。马某的公司该如何对相关条款进行补充?

解析

根据《合同法》第六十一条、第六十二条的规定,合同生效后,当事人就质量、价款或者报酬、履行地点等内容没有约定或者约定不明确的,可以协议补充;不能达成补充协议的,按照合同有关条款或者交易习惯确定。依照前述规定仍不能确定的,适用下列规定:(1)质量要求不明确的,按照国家标准、行业标准履行;没有国家标准、行业标准的,按照通常标准或者符合合同目的的特定标准履行。(2)价款或者报酬不明确的,按照订立合同时履行地的市场价格履行;依法应当执行政府定价或者政府指导价的,按照规定履行。(3)履行地点不明确,给付货币的,在接受货币一方所在地履行;交付不动产的,在不动产所在地履行;其他标的,在履行义务一方所在地履行。(4)履行期限不明确的,债务人可以随时履行,债权人也可以随时要求履行,但应当给对方必要的准备时间。(5)履行方式不明确的,按照有利于实现合同目的的方式履行。(6)履行费用的负担不明确的,由履行义务一方负担。因此,马某可以根据上述法律规定，对合同内容进行补充。

13. 冰箱用了一个多月就不制冷了，怎么办？

案例

小美购买的冰箱才用了一个月，冷冻室就不制冷了。小美联系了厂家，希望可以更换一台新的冰箱。厂家认为是小美使用不当造成的，如果要退换货需要小美去检测。厂家的要求合法吗？

解析

根据《中华人民共和国消费者权益保护法》（以下简称《消费者权益保护法》）第二十三条第三款的规定，经营者提供的机动车、计算机、电视机、电冰箱、空调器、洗衣机等耐用商品或者装饰装修等服务，消费者自接受商品或者服务之日起六个月内发现瑕疵，发生争议的，由经营者承担有关瑕疵的举证责任。在本案中，冰箱有无质量问题，应由商家来举证，这就为买家维权提供了极大的便利，增加买家胜诉的概率，鼓励买家在发生纠纷后积极维权。但需要注意的是，适用举证责任倒置的仅限于法律规定的机动车等耐用商品或者装饰装修等服务，而且有六个月的时间限制。所以买家在发现商品有质量问题时，要积极及时地维权。

14. 租赁合同到期未续签书面合同，租户继续交房租，房东提出解约是否合理？

案例

李某工作之后，在单位附近租住了一套房子，租金每月 2000 元。李某和房东签订了一年的合同,并且一直通过银行转账来支付租金。合同到期后,房东同意继续租给李某一年,李某也一直给房东转账,但双方并未续签书面的租赁合同。又过了半年,李某接到房东的电话,房东打算把房子收回去,重新装修一下,希望李某能够重新找房子。李某因为住得习惯了,而且租金合适,不想搬走,但是房东态度强硬。李某认为双方还有半年的租期,房东却说,没有签订合同不算数。房东的要求合法吗?

解析

根据《合同法》第二百三十二条的规定,当事人对租赁期限没有约定或者约定不明确,依照《合同法》第六十一条的规定仍不能确定的,视为不定期租赁。当事人可以随时解除合同,但出租人解除合同应当在合理期限之前通知承租人。本案中,双方并未续签书面的租赁合同,只是按照以前的租金继续支付和受领,视为不定期租赁合同,承租人和房主均可以随时解除合同,但出租人解除合同应当在合理期限之前通知承租人。所以李某的房东可以随时解除合同,但要给李某预留合理期限。

15. 租住的房屋甲醛严重超标,租户能否解除租赁合同?

案例

王某为了方便上班,在公司附近承租了吴某新装修的一套两居室。王某住进去一个月之后,便出现皮疹和失眠的症状。王某怀疑房屋装修后甲醛超标,于是聘请了专业的鉴定人员,对房屋进行了室内环境鉴定,结果显示该房屋的甲醛超过国家标准的数倍,属于严重超标。为此王某向吴某提出解除房屋租赁合同的要求,但吴某不同意。王某能否解除此房屋租赁合同?

解析

根据《合同法》第二百三十三条的规定，租赁物危及承租人的安全或者健康的，即使承租人订立合同时明知该租赁物质量不合格，承租人仍然可以随时解除合同。由此可知，本案中的租赁物即吴某新装修的房屋，被专业的鉴定机构检测出甲醛严重超标，根据上述规定，王某可以解除与吴某的房屋租赁合同，吴某也应当退还先前收取的租金和押金等费用。

16. 租期未到，房主把房子卖了，要求承租人搬走怎么办？

案例

为了孩子上学方便，小南一家在学校附近租了一个房子，与房主签订了三年的租赁合同。2017 年房价大涨，房主打算把房子出售，小南也积极配合别人看房。不到半个月，这套房子就被卖出去了。这段时间房主也并未提及房子卖了以后有什么变动。过了两个月，房主打来电话，要求小南一家人一周内搬走。因租期还有半年，小南不同意。小南可以继续承租吗？

解析

根据最高人民法院《关于审理城镇房屋租赁合同纠纷案件具体应用法律若干问题的解释》第二十条的规定，租赁房屋在租赁期间发生所有权变动，承租人请求房屋受让人继续履行原租赁合同的，人民法院应予以支持。但租赁房屋具有下列情形或者当事人另有约定的除外：(1)房屋在出租前已设立抵押权，因抵押权人实现抵押权发生所有权变动的；(2)房屋在出租前已被人民法院依法查封的。本案中小南租住的房屋不存在法律规定的例外情况,所以该房屋即使发生了所有权变动,小南仍然有权在租赁期内居住。

17.承租人对租住的房屋是否享有优先购买权?

案例

陈某一直租住着张某的房屋,多年来一直相安无事,最近由于张某准备在某繁华地带购置一套房屋,所以告知陈某他有卖房的打算,并让他配合中介让买家看房。陈某对这套房屋已经有了感情,并且自己也准备买房,所以便向张某表达了自己也想购买这套房屋的意愿。但现在有一个问题是,张某的这套房屋上面存在某银行的抵押权,陈某是否享有优先于抵押权的购买权?

解析

根据最高人民法院《关于适用〈中华人民共和国担保法〉若干问题的解释》第六十六条第一款的规定,抵押人将已抵押的财产出租的,抵押权实现后,租赁合同对受让人不具有约束力。由此可知,承租人的租赁权并不能对抗银行的抵押优先权。但是,根据最高人民法院《关于审理城镇房屋租赁合同纠纷案件具体应用法律若干问题的解释》第二十二条的规定,出租人与抵押权人协议折价、变卖租赁房屋偿还债务,应当在合理期限内通知承租人。承租人请求以同等条件优先购买房屋的,人民法院应予支持。在这种情况下,房屋承租人就继续享有优先购买权。

18. 借款人不按照借款用途使用借款，会承担什么责任？

案例

祝某和某银行签订了一份用于开办高新技术企业的50万元贷款，就在紧锣密鼓筹办企业的过程中，银行突然通知祝某要和其解除贷款合同，理由是祝某将贷款中的30万元用于债务偿还。银行是否能够以此理由解除与自己的贷款合同？

解析

根据《合同法》第二百零三条的规定，借款人未按照约定的借款用途使用借款的，贷款人可以停止发放借款、提前收回借款或者解除合同。由此可知，本案中银行完全有权利解除该贷款合同。

19. 民间借贷未约定利息，可否要求支付利息？

案例

杨某向舅舅借了10万元用于购置婚房，当时只是打了一张借条，上面除了注明什么时候返还外，并没有注明其他的内容。现在因为和舅舅家闹出了不愉快的纠纷，舅舅上门索要欠款和利息。杨某是否有义务支付利息？

解析

根据《合同法》第二百一十一条的规定，自然人之间的借款合同对支付利息没有约定或者约定不明确的，视为不支付利息。由此可知，本案中的借款合同由于没有约定借款利息，所以杨某不需要向其舅舅支付利息。

20. 债务人为逃避债务赠与他人财物怎么办?

案例

郭某因经营饭店需要,与好友李某签订了借款合同。合同写明:李某借钱给郭某,借期半年。合同到期后,郭某却迟迟不还钱,李某遂到饭店找郭某,却发现饭店已经停业。郭某称饭店亏损无力还钱,李某便提出用店内的冰箱、空调等电器抵债,郭某称这些电器已送给了母亲,并拿出赠与书给李某看。李某可以请求人民法院认定郭某的赠与行为无效吗?

解析

本案涉及的主要是撤销权的问题。

撤销权是合同保全制度中的一个内容。债具有相对性,即债权仅发生在特定的债权人与债务人之间。但在特殊情况下,法律为保障债权人的利益,确认债权可以产生对第三人的效力,即债权的对外效力,这种效力集中表现在合同的保全制度上。合同的保全,是指法律为防止因债务人的财产不当减少而给债权人的债权带来危害,允许债权人对债务人或第三人的行为行使撤销权或代位权。撤销权是其中一项内容。

撤销权即债权人的撤销权,是指当债务人放弃对第三人的债权、实施无偿或低价处分财产的行为而有害于债权人的债权时,债权人可以依法请求法院撤销债务人所实施的行为。撤销权的构成要件是:(1)债务人实施了放弃对第三人的债权、无偿或低价处分财产的行为。(2)上述行为对债权人的债权造成危害。(3)低价处分财产时,债务人与第三人具有恶意。(4)债权人向人民法院请求撤销上述行为。

《合同法》对撤销权进行了规定。《合同法》第七十四条规定:"因债务人放弃其到期债权或者无偿转让财产,对债权人造成损害的,债权人可以请求人民法院撤销债务人的行为。债务人以明显不合理的低价转让财产,对债权人造成损害,并且受让人知道该情形的,债权人也可以请求人民法院撤销债务人的行为。撤销权的行使范围以债权人的债权为限。债权人行使撤销权的必要费用,由债务人负担。"第七十五条规定:"撤销权自债权人知道或者应当知道撤销事由之日起一年内行使。自债务人的行为发生之日起五年内没有行使撤销权的,该撤销权消灭。"

本案中,郭某因饭店亏损无力以现金偿还李某债务。他将饭店内电器无偿赠与其母亲的行为有害于李某的债权。因此,李某有权在知道撤销事由之日起一年内行使撤销权,请求人民法院认定郭某转让电器的行为无效,但李某行使权利的范围仅以其债权为限。

21. 不当得利应否返还?

案例

吴某从高某处借款5000元,为了节省转账成本,高某告知吴某去本市开一张某银行的借记卡,但由于吴某的身份证正在补办中,所以不方便在高某指定的某银行开账户。为了方便转账,吴某便求助同学陈某,让陈某代为收取高某转账过来的5000元钱。在高某通知其已经完成转账之后,陈某却并不承认自己账户中的5000元钱是高某转账过来的,因此拒绝向吴某支付5000元。对此,吴某该如何解决?

解析

这是一起不当得利纠纷,不当得利指的是在没有合法依据或者在事后丧失了合法依据的情况下,而被确认为因致他人遭受损失后而获得利益,应当负返还义务。本案,还涉及对不当得利的举证问题。根据本案陈述的事实,貌似这笔钱是通过同学的账户代收的,但如果进行到诉讼阶段,吴某必须举证证明其主张的陈某账户中的5000元钱是高某借给吴某自己的,陈某只是一个代收人,否则就会承担败诉的风险。

22. 居间人有何权利?

案例

徐某是某地产中介的员工,林某夫妇准备购买一套当地的学区房,希望徐某能给找一套可靠的房源。在接下来的日子里,林某夫妇通过徐某的介绍,看了不下十几套房子,但一直未找到理想的学区房,便决定换一家中介。在徐某得知林某夫妇准备更换中介的时候,便向林某夫妇索要"看房服务费"。林某夫妇以徐某作为房产中介未促其达成房屋购买合同为由拒绝支付相关报酬。居间人获得报酬是否必须以促成双方达成房屋购买合同为必要条件?

解析

根据《合同法》的规定,居间人享有请求支付报酬权和请求偿还居间活动费用权。

(1)请求支付报酬权。

《合同法》规定居间合同是有偿合同,居间人在委托人和合同相对人之间促成合同成立,居间人就有权向委托人或其相对人请求支付约定的报酬的权利。根据《合同法》第四百二十六条第一款的规定,居间人促成合同成立的,委托人应当按约定支付报酬。对居间人的报酬没有约定或者约定不明确的,依照本法第六十一条的规定仍不能确定的,根据居间人的劳务合理确定。因居间人提供订立合同的媒介服务而促成合同成立的,由该合同的当事人平均负担居间人的报酬。

(2)请求偿还居间活动费用权。

①居间人未促成合同成立,有权要求委托人支付活动费用。根据《合同法》第四百二十七条的规定,居间人未促成合同成立的,不得要求支付报酬,但可以要求委托人支付从事居间活动支出的必要费用。

②居间人促成合同成立的,其居间活动费用一般计算在委托人支付的报酬中,其居间活动费用应由居间人负担。根据《合同法》第四百二十六条第二款的规定,居间人促成合同成立的,居间活动费用,由居间人负担。居间人不得再要求委托人偿还居间活动费用。

由此可知,本案中的林某夫妇应当向徐某支付因提供二手房居间服务所支出的必要费用。

23. 理财产品保底条款有效吗?

案例

某社区退休居民高某,准备购买某金融公司推出的“无忧快乐”型理财产品。推销员告知高某,这款理财产品,还有保底条款,没有任何风险。理财产品中的保底条款是否有效?

解析

现实生活中,部分投资公司为了争取客户和同行进行竞争,往往在投资协议中写入相关“保底条款”,做出给予客户“只赚不赔”的承诺。但《中华人民共和国证券法》第一百四十四条规定,证券公司不得以任何方式对客户证券买卖的收益或者赔偿证券买卖的损失做出承诺。由此可知,本案中所说“保底条款”在法律上是被禁止和无效的。

24. 免费搭顺风车旅游发生交通事故,由谁来承担责任?

案例

关某是一位旅游爱好者,想体验一下免费搭顺风车的旅游方式。在免费搭顺风车的过程中,如果司机跟乘客约定免费搭乘,一旦出现交通事故,后果自负,那么在现实中出现事故由谁来承担责任?

解析

根据《合同法》第五十三条的规定,合同中的下列免责条款无效:(1)造成对方人身伤害的;(2)因故意或者重大过失造成对方财产损失的。本案中这个约定就是一个典型无效的免责条款。在免费搭乘过程中,该约定含有造成人身伤害免责的条款,属于无效条款。因此并不能规避司机依法应承担的责任。

25. 免票乘客出现交通事故,由谁来承担赔偿责任?

案例

某路公交车,长期来往于两个郊区之间,是两个郊区居民来往的必乘车辆。在一个雨后的傍晚,该车在路经某水库路段之时,和对面驶来的一辆货车相撞,发生交通事故,造成乘客受伤。其中有一位乘客是依据规定享受免票待遇的乘客。对持票乘客的赔偿基本无争议,因为有保险公司承保。但对于免票乘客,因其并未买票,所以该公交公司拒绝赔偿。现在该免票乘客准备将公交公司起诉至当地的人民法院。公交公司是否需要承担免票乘客的赔偿责任?

解析

根据《合同法》第三百零二条的规定,承运人应当对运输过程中旅客的伤亡承担损害赔偿责任,但伤亡是旅客自身健康原因造成的或者承运人证明伤亡是旅客故意、重大过失造成的除外。前款规定适用于按照规定免票、持优待票或者经承运人许可搭乘的无票旅客。由此可知,本案中的乘客即使是免票乘客,也应由公交公司承担责任。

（五）侵权篇

1. 喝醉了被人教唆去打了人，教唆的人需要承担责任吗？

案例

余某与陈某一起喝酒，陈某知悉余某不胜酒力，一沾酒就醉，醉完之后，容易受他人教唆做出一些暴力的事情来。陈某便利用这一点，借机灌醉余某，并教唆余某殴打吴某。本案中，陈某是否需要承担责任？

解析

教唆侵权行为，指的是教唆人并未直接实施对他人的侵害行为，但通过鼓动、怂恿、刺激等方法唆使他人实施侵害行为。本案中，陈某明知余某不胜酒力，在醉酒的状态下容易受人教唆做出一些侵害行为，却故意教唆余某对吴某实施暴力行为，依据《中华人民共和国侵权责任法》（以下简称《侵权责任法》）第九条的规定，教唆、帮助他人实施侵权行为的，应当与行为人承担连带责任。因此陈某和余某在本案中应当承担连带责任。

2. 未成年人在某游乐场提供的免费游乐项目中受伤，由谁来承担责任？

案例

季某带女儿去游乐场游玩，由于当天恰好是季某女儿的生日，该游乐场有部分娱乐项目免费向过生日的小朋友提供，小姑娘就选择了一些免费的项目来玩。就在季某女儿乘坐一架旋转飞翔的飞行器上升的过程中，飞行器突然在高空停止，又急速降落，最后导致季某的女儿身体受伤。该游乐场以免费提供娱乐项目为由，拒绝提供赔偿。在该起事件中，由谁来承担责任？

解析

根据《侵权责任法》第三十七条的规定，宾馆、商场、银行、车站、娱乐场所等公共场所的管理人或者群众性活动的组织者，未尽到安全保障义务，造成他人损害的，应当承担侵权责任。《消费者权益保护法》第十八条规定，经营者应当保证其提供的商品或者服务符合保障人身、财产安全的要求。对可能危及人身、财产安全的商品和服务，应当向消费者作出真实的说明和明确的警示，并说明和标明正确使用商品或者接受服务的方法以及防止危害发生的方法。最高人民法院《关于审理人身损害赔偿案件适用法律若干问题的解释》第六条第一款规定，从事住宿、餐饮、娱乐等经营活动或者其他社会活动的自然人、法人、其他组织，未尽合理限度范围内的安全保障义务致使他人遭受人身损害，赔偿权利人请求其承担相应赔偿责任的，人民法院应予支持。本案中，游乐场的经营者在季某女儿生日当天为其提供免费的娱乐服务，理应尽到安全保障义务。由于其娱乐设施突发故障，导致季某女儿受伤，行为与损害结果之间存在因果关系，因此，该游乐场在此事故中，应承担全部的侵权责任。

3. 在餐馆用餐时被烫伤了，由谁来承担责任？

案例

王某的孙女刚刚满月，家人为了给她庆祝，便约了亲朋好友，来到某饭店庆祝。该饭店有一道特色菜叫“锅仔香辣鱼”,在端上来的时候,一位新来的服务员没有端好,将该锅砸到了王某的孙女身上,由于温度太高,王某的孙女身上有百分之二十的皮肤被烫伤。此种烫伤事故,谁来承担侵权责任?

解析

《侵权责任法》第三十七条第一款规定,宾馆、商场、银行、车站、娱乐场所等公共场所的管理人或者群众性活动的组织者,未尽到安全保障义务,造成他人损害的,应当承担侵权责任。本案中,餐馆应当为消费者提供安全可靠的就餐环境,但因为其服务员的不小心而烫伤了消费者,应当承担侵权责任。

4. 行人掉入窨井,由谁来承担责任?

案例

某小区是新建的小区,秦某就在该小区附近工作,为了上班方便,其便在该小区承租了一套两室一厅的房屋。由于秦某的工作性质需要经常加班,平日里他都是深夜回家。某天秦某像往常一样步行回家,进入小区之后,不慎掉入一口没有覆盖井盖的窨井中。后被巡逻的保安发现,将秦某救起,并拨打了“120”,将其送至小区附近的医院。经过医院的检查,秦某身上有多处擦伤,并造成了胫骨骨折,在治疗的过程中,花去医药费数万元。后经过了解得知,该口窨井的管理者是当地的城建部门。秦某受到的伤害,该由谁来承担责任?

解析

《侵权责任法》第九十一条规定，在公共场所或者道路上挖坑、修缮安装地下设施等，没有设置明显标志和采取安全措施造成他人损害的，施工人应当承担侵权责任。窨井等地下设施造成他人损害，管理人不能证明尽到管理职责的，应当承担侵权责任。本案中，由于城建部门管理的窨井未覆盖任何防护措施，导致秦某掉入井中摔伤，花去医药费数万元，城建部门因此应当承担侵权责任。若查明秦某对受伤亦有过错的，法院可判其承担相应责任。

5. 给他人帮工受伤，被帮工人是否应该承担责任？

案例

郭某是一位装修工人，某天，赵大爷给郭某打来电话，说自家的阳台由于年久失修，在刮风或者下雨的时候，不是透风就是漏雨，实在很是烦恼，自己的子女又远在外地，所以请郭某过来帮忙修理阳台。对于这种请求，郭某自然不会推辞，带上工具便来到了赵大爷的家里。赵大爷从旁边给郭某打下手，由于当天刚好赶上刮大风，又加上阳台年久失修，在更换阳台窗户的过程中，窗框松动，郭某从赵大爷家位于二楼的阳台跌落，造成身体多处骨折。赵大爷是否要承担责任？

解析

最高人民法院《关于审理人身损害赔偿案件适用法律若干问题的解释》第十四条第一款规定，帮工人因帮工活动遭受人身损害的，被帮工人应当承担赔偿责任。被帮工人明确拒绝帮工的，不承担赔偿责任，但可以在受益范围内予以适当补偿。本案中，帮工人郭某受到被帮工人赵大爷的邀约，来给赵大爷帮忙装修阳台防水，在该过程中，因赵大爷家阳台年久失修造成郭某跌落，受到伤害，依据上述规定，赵大爷应当承担赔偿责任。

6. 未成年人在无人看管的铁路上玩耍发生了碰撞事故，由谁来承担责任？

案例

文某夫妇有两个孩子大文和小文，暑假在奶奶家过，但令文某夫妇有些担心的是，奶奶家附近原来有人看管的铁道口，今年把人撤走了，只是竖了一些警告牌，变成无人看管的铁道口。但大文和小文对此却不以为然，并向爸爸妈妈保证，自己一定不会去铁道口玩的。某天小文背着哥哥大文和其他小伙伴偷着去铁道口玩"铁道游击队"的游戏，被过往的火车撞伤。后关于责任承担问题，文某夫妇与铁路部门发生争议，该碰撞事故的责任由谁来承担？

解析

《中华人民共和国民法通则》（以下简称《民法通则》）第一百二十三条规定，从事高空、高压、易燃、易爆、剧毒、放射性、高速运输工具等对周围环境有高度危险的作业造成他人损害的，应当承担民事责任；如果能够证明损害是由受害人故意造成的，不承担民事责任。《中华人民共和国铁路法》第五十八条规定，因铁路行车事故及其他铁路运营事故造成人身伤亡的，铁路运输企业应当承担赔偿责任；如果人身伤亡是因不可抗力或者由于受害人自身的原因造成的，铁路运输企业不承担赔偿责任。违章通过平交道口或者人行过道,或者在铁路线路上行走、坐卧造成的人身伤亡,属于受害人自身的原因造成的人身伤亡。通过上述规定可知,依据前者,本案应由铁路部门承担责任,而依据后者,本案又应当由小文自己承担责任。看似矛盾,但依据特别法优于普通法的一般法律原则,后者貌似又更站得住脚。但是,如果让"普通人"承担如此重大伤害事故责任,又有失偏颇,因此2001年我国又先后出台了《关于进一步加强铁路无人看守道口监护管理工作的通知》以及最高人民法院《关于审理铁路运输人身损害赔偿纠纷案件适用法律若干问题的解释》,其中规定,因受害人翻越、穿越、损毁、移动铁路线路两侧防护围墙、栅栏或者其他防护设施穿越铁路线路,偷乘货车,攀附行进中的列车,在未设置人行通道的铁路桥梁、隧道内通行,攀爬高架铁路线路,以及其他未经许可进入铁路线路、车站、货场等铁路作业区域的过错行为,造成人身损害的,应当根据受害人的过错程度适当减轻铁路运输企业的赔偿责任,并按照以下情形分别处理:

(1)铁路运输企业未充分履行安全防护、警示等义务,受害人有上述过错行为的,铁路运输企业应当在全部损失的百分之八十至百分之二十之间承担赔偿责任;

(2)铁路运输企业已充分履行安全防护、警示等义务,受害人仍施以上述过错行为的,铁路运输企业应当在全部损失的百分之二十至百分之十之间承担赔偿责任。

受害人横向穿越未封闭的铁路线路时存在过错,造成人身损害的,按照前条规定处理。

受害人不听从值守人员劝阻或者无视禁行警示信号、标志硬行通过铁路平交道口、人行过道,或者沿铁路线路纵向行走,或者在铁路线路上坐卧,造成人身损害,铁路运输企业举证证明已充分履行安全防护、警示等义务的,不承担赔偿责任。

因此,本案中,小文的监护人未尽到法定义务,造成小文在无人看守的铁道口玩耍,致其被列车撞伤的损害后果,需承担主要责任。铁路部门虽然设置了警示牌,但却撤掉该铁道口的看守人员,也是小文发生被撞伤事故的重要原因,因此需要承担次要责任。

7. 被侵权人自身有过错,该如何处理?

案例

马某身患骨质增生,通过广告得知一种治疗骨质增生的特效药。通过咨询,该药品销售代表告知了马某以下信息:该药为遵医嘱的处方药,对治疗"骨质增生"具有特殊效果,所以建议马某购买。最后在医药销售代表的建议下,马某从该医药销售公司购买了三个疗程的药品。后因为马某在过量服用该药之后出现浑身乏力,头晕呕吐等症状。马某在被家人送去当地医院之后,被医院诊断为重度肝损伤。事后马某家人在和该药品的销售公司的协商过程中,该公司声称自己没有责任,因为该药品在说明书上已经明确地写明,服用该药有可能造成肝脏损伤的后果,是马某自己不看说明书,才造成如此的严重后果,所以拒绝承担任何责任。为此,该医药公司的做法合法吗?

解析

《侵权责任法》第二十六条规定,被侵权人对损害的发生也有过错的,可以减轻侵权人的责任。最高人民法院《关于审理人身损害赔偿案件适用法律若干问题的解释》第二条规定,受害人对同一损害的发生或者扩大有故意、过失的,依照《民法通则》第一百三十一条的规定,可以减轻或者免除赔偿义务人的赔偿责任。但侵权人因故意或重大过失致人损害,受害人只有一般过失的,不减轻赔偿义务人的赔偿责任。适用《民法通则》第一百零六条第三款规定确定赔偿义务人的赔偿责任时,受害人有重大过失的，可以减轻赔偿义务人的赔偿责任。本案中，我国法律有明确的规定，处方药应当在患者有医院处方之时才能销售给患者，而该药品销售公司明知马某没有医生开具的处方，仍将该药出售给马某，存在过错应当承担主要责任。马某在没有医生开具处方的情况下购买该药，并且在未认真阅读服用说明书的情况下便服用，属于对用药过程中可能产生的不良反应未尽到注意义务和采取必要措施，因此马某对其自身的损害后果承担次要责任。

8.景区岩石崩塌致人损伤，由谁承担侵权责任？

案例

某市著名景点地处某山区，游客们往返都需要经几公里悬崖峭壁，所幸悬崖之下的公路修得很宽，并且设置了警示标志，且对该路段进行了安全事故隐患的排查，所以也没什么危险。附近村民陈某在景区游玩时，峭壁岩石突然发生崩塌，当场导致陈某重伤。后经当地的地质环境监测部门组成的地质灾害联合调查组进行现场勘验调查，该起事故属于在天然条件下发生的，无人为因素，亦无法进行预见。针对此结论，陈某的家属并不认可。该起事故中，此路段的管理者是否应当承担责任？

解析

《侵权责任法》第二十九条规定，因不可抗力造成他人损害的，不承担责任。法律另有规定的，依照其规定。本案中，该段公路的管理者理应承担保障车辆和行人的安全通过的义务，但是，该案的发生由于峭壁岩石崩塌所致，那就需要弄清楚，该事件是否属于不可抗力。我们可以通过案例的陈述中可知，当地的管理者已经尽到了“排查安全隐患，设置警示标志”的义务,又依据调查报告得知,在现有的技术条件下对此事故无法进行预见,因此发生岩石崩塌事故并非其故意或者过失所致,显然符合不可抗力的法律规定,因此该公路的管理者,无须承担侵权责任。

9. 为躲避违规穿行路人发生交通事故,该如何承担责任?

案例

陈某是一位非常注重行驶安全的老司机,驾龄二十多年,没出现过一次交通违章行为。某日,天下大雪,当陈某驾车行驶到某商场附近之时,忽然发现骑车人冯某违规横穿公路,陈某立刻采取了转向并刹车的避让措施,但由于雪天路滑,加之车速并不慢,陈某与相向而行的王某驾驶的小轿车发生碰撞,导致王某受伤,双方车辆受到不同程度的损坏。由于在避让的过程中,陈某驾驶车辆的车尾向右侧滑动之时,又将违规横穿公路的冯某撞到,致冯某当场死亡。事后交警认定:陈某在雪天行驶的过程中,采取避险措施不当,致使发生交通事故,应负事故的主要责任;交通事故中的死者冯某因违规横穿公路,加上对过往车辆观察不够,应负事故的次要责任;被撞的王某属于正常驾驶机动车,对事故不负责任。陈某认为该起事故是由横穿公路的冯某所致,理应由冯某承担责任。该起交通事故,应当由谁来承担责任?

解析

本案是一起典型的紧急避险引发交通事故,那么对于紧急避险中引发的侵权责任,该如何承担呢?《侵权责任法》第三十一条规定,因紧急避险造成损害的,由引起险情发生的人承担责任。如果危险是由自然原因引起的,紧急避险人不承担责任或者给予适当补偿。紧急避险采取措施不当或者超过必要的限度，造成不应有的损害的，紧急避险人应当承担适当的责任。以本案为例，原本该起事故是由违规横穿公路的冯某所引起，但作为有二十多年驾龄的老司机陈某来说，虽然面对冯某的危险行为采取了避险措施，但其明知在雪天路滑的环境下，大范围的转向会造成危险，实际上也导致了冯某死亡、王某受伤和汽车受损的危害结果，显然属于避险不当，因此应当依据交通部门作出的认定，由陈某承担该起交通事故的主要责任，由冯某承担次要责任。

10. 搬家过程中家具受损，由谁来承担责任？

案例

姜某找搬家公司搬家，搬家公司的员工李某和吴某在搬一套家具的时候，不小心将家具从楼梯上摔落，造成家具破损。双方在协商赔偿的时候，搬家公司的员工说，这不能怨他们，只怪这家具实在太沉了，因此拒绝赔偿。到底由谁来承担责任？

解析

《侵权责任法》第三十四条第一款规定，用人单位的工作人员因执行工作任务造成他人损害的，由用人单位承担侵权责任。因此在本案中搬家公司的员工不慎损坏姜某的家具，属于正在执行工作任务的行为，因此应当由搬家公司承担侵权责任。

11. 工作过程中过失损坏他人财物，由谁来赔偿？

案例

洪某发现自己停在小区指定停车位上的车辆被蹭刮。在警方的协助下，通过物业调出了当天的监控录像，发现是前一晚值班巡逻的保安开车剐蹭了洪某的车辆，并且该名保安第二天就已经辞职，下落不明。洪某主张让物业公司赔偿其损失，但物业公司表示该名保安是派遣员工，并主张这是他个人的行为，拒绝赔偿。洪某的损失应由谁来承担责任？

解析

《侵权责任法》第三十四条第二款规定，劳务派遣期间，被派遣的工作人员因执行工作任务造成他人损害的，由接受劳务派遣的用工单位承担侵权责任；劳务派遣单位有过错的，承担相应的补充责任。在我国，保安一般由保安公司派遣到物业公司进行相关工作，本案中，并未发现保安公司有何过错行为，依据上述规定，应当由接受派遣的物业公司承担侵权责任，赔偿洪某轿车被剐蹭所造成的损失。

12. 雇员致人损伤，由谁来承担赔偿责任？

案例

邻居李某带着自己的孩子来胡家串门，李某和胡妻闲聊的过程中，胡家的保姆于某不小心将手中碗里的开水撒到了李某的孩子身上。经医院治疗，李某的孩子花去医疗费数千元。现在关于责任的承担问题，胡家、保姆都说自己没责任。该事件中，谁来承担责任？

解析

《侵权责任法》第三十五条规定，个人之间形成劳务关系，提供劳务一方因劳务造成他人损害的，由接受劳务一方承担侵权责任。提供劳务一方因劳务自己受到损害的，根据双方各自的过错承担相应的责任。本案中，胡某是接受劳务的一方，提供劳务的保姆是在提供劳务的过程中造成李某孩子烫伤的后果的，因此应当由胡某承担侵权责任，赔付李某孩子因治疗花去的数千元医疗费。

13. 孩子在学校被打伤，由谁来承担责任？

案例

江某的儿子小江15岁，品学兼优，就读于某重点中学。小江在一次去实验室帮老师拿教学工具的过程中，被几个看着“面生”的人给暴揍了一顿。学校保安赶来制止，“小混混”四处逃窜，随后保安立即把小江送到医务室治疗。事后经警方调查，这几个混进学校的“小混混”利用监控的死角，翻墙进入学校，是来报复人的，但由于错将小江认成了别人，才暴打了小江。在该起事件中，谁来承担责任？

解析

《侵权责任法》第四十条规定，无民事行为能力人或者限制民事行为能力人在幼儿园、学校或者其他教育机构学习、生活期间，受到幼儿园、学校或者其他教育机构以外的人员人身损害的，由侵权人承担侵权责任；幼儿园、学校或者其他教育机构未尽到管理职责的，承担相应的补充责任。本案中，学校已尽到管理职责，而“小混混”才是侵权责任人，因此应当由

"小混混"承担侵权责任,赔偿江某儿子因被暴打而受到的损失。

14. 孩子住校被同学打伤了,由谁来承担责任?

案例

陈某将儿子小陈安排到一所寄宿制学校念书,小陈和同宿舍的小吴在某天晚上9点熄灯后,因为商讨第二天早上谁来给暖水瓶打水的问题,发生争执,被身壮如小牛的小吴打伤,脸上和手上有多处伤痕。孩子在学校被同学打伤,由谁来承担责任?

解析

最高人民法院《关于贯彻执行〈中华人民共和国民法通则〉若干问题的意见(试行)》(以下简称《民通意见》)第二十二条规定,监护人可以将监护职责部分或者全部委托给他人。因被监护人的侵权行为需要承担民事责任的,应当由监护人承担,但另有约定的除外;被委托人确有过错的,负连带责任。《侵权责任法》第三十九条规定,限制民事行为能力人在学校或者其他教育机构学习、生活期间受到人身损害,学校或者其他教育机构未尽到教育、管理职责的,应当承担责任。本案中,小陈被送至寄宿制学校进行封闭式管理学习,学校理应保障小陈的安全,但晚上熄灯后,学校老师并没有采取巡视宿舍的管理措施,并且在殴打事件之后,未告知家长,学校有明显的过错,因此应当承担主要责任。小吴的监护人亦应当对小吴的侵权行为承担责任,但根据责任大小,小吴的监护人在本案中承担次要责任。

15. 逛商场的过程中被人打伤，由谁来承担责任？

案例

在某大型商场商品促销活动中，王某由于未领到打折的商品，气急败坏，将一位消费者揍了一顿，揍完便扬长而去，商场也没有人敢出手管理此事。事后，被打的消费者徐某找到商场，让其赔偿自己的损失，但商场却以王某并不是商场员工为由拒绝赔偿。徐某的损伤应由谁来承担责任？

解析

《侵权责任法》第三十七条规定，宾馆、商场、银行、车站、娱乐场所等公共场所的管理人或者群众性活动的组织者，未尽到安全保障义务，造成他人损害的，应当承担侵权责任。因第三人的行为造成他人损害的，由第三人承担侵权责任；管理人或者组织者未尽到安全保障义务的，承担相应的补充责任。本案中，王某故意找茬出气，将徐某殴打致伤，应当承担主要责任，但在王某打人的过程中和打完之后，扬长而去，商场并没有尽到安保义务，因此应当对徐某受到的伤害承担补充责任。

16. 商品致人损害，被侵权人应向谁索赔？

案例

冯某在当地的一家农贸市场选购了一款极具性价比的电饭锅，令冯某没想到的是，在一次煮饭的过程中，电饭锅突然发生爆炸，致使冯某右眼被炸伤。事后在和农贸市场小贩协商赔偿的时候，该小贩并不能提供该电饭锅的生产者信息,并且又拒绝承担冯某的医药费,拒绝的理由竟然是“一分钱一分货,出现这种事故,也只能怪你贪图便宜,怨不得别人”。市场小贩在出现该爆炸事故后,并不能提供电饭锅生产者的消息,谁来承担责任?

解析

《侵权责任法》第四十二条规定,因销售者的过错使产品存在缺陷,造成他人损害的,销售者应当承担侵权责任。销售者不能指明缺陷产品的生产者也不能指明缺陷产品的供货者的,销售者应当承担侵权责任。本案中,农贸市场的小贩,向冯某出售不能提供生产者的缺陷产品,最终导致冯某受到伤害,小贩主张的“便宜没好货”的理由也并不能阻止其对冯某受到的伤害所应承担的责任。

17. 商场赠品致害,商场承担责任吗?

案例

高某购买水箱,商场将剃须刀作为赠品赠给高某。在高某使用剃须刀的时候,将下巴数处割伤。高某在治疗后,找到商家讨要医药费,但商家却主张赠品是免费的,本身就没赚还赔了钱,现在出了问题,只能由高某自己负责。商场应该承担责任吗?

解析

赠品虽然看似免费,但实质上也是折合在主商品销售价格内的,因此商家出售的商品中所含的赠品依然被视为其所出售的商品。《消费者权益保护法》第四十条第一款、第二款规定,消费者在购买、使用商品时,其合法权益受到损害的，可以向销售者要求赔偿。销售者赔偿后，属于生产者的责任或者属于向销售者提供商品的其他销售者的责任的，销售者有权向生产者或者其他销售者追偿。消费者或者其他受害人因商品缺陷造成人身、财产损害的，可以向销售者要求赔偿，也可以向生产者要求赔偿。属于生产者责任的，销售者赔偿后，有权向生产者追偿。属于销售者责任的，生产者赔偿后，有权向销售者追偿。本案中，高某受到赠品的侵害，依然适用上述规定，如果高某主张由商场承担责任，商场理应承担责任。

18. 商品因商家运输仓储而受损，消费者应向谁索赔？

案例

杨某通过抢购的方式，在某电商处以“秒杀价”抢到了一款心仪已久的“水果”手机。在收到货后的第三天，该手机就出现频繁花屏和重启的故障，通过手机客服的检测发现该手机曾经进过水，根据该品牌手机的保修条例，进水属于保修免责条款，因此拒绝对杨某的手机出具退换货的检测报告。杨某认为自己很冤，便又联系该电商，该电商依然以手机进水属于免责条款为由，拒绝退换货。杨某觉得每天都是小心翼翼地使用该手机，绝不可能出现自己导致手机进水的情况，便联系了当地的几家媒体，通过媒体的帮助，该电商终于给了杨某一个说法：“经本公司查明，杨先生的手机系快递公司在运输的过程中，由其保管仓库漏水所致。”杨某的损失应由谁承担？

解析

《侵权责任法》第四十四条规定，因运输者、仓储者等第三人的过错使产品存在缺陷，造成他人损害的，产品的生产者、销售者赔偿后，有权向第三人追偿。本案中,虽然该手机的故障是由于快递公司仓库漏水所致,但消费者依然可以找手机的生产者或者销售者即该电商索赔,之后再由进行赔付的生产者或者销售者向快递公司追偿。

19.租赁机动车发生交通事故,该如何进行责任划分?

案例

洪某租用一辆轿车,在正常行驶的过程中,不知道什么原因,租来的轿车突然刹车失灵,急速行驶中的轿车根本停不下来,洪某只得跳车逃离。在跳车的过程中,由于洪某身手矫健,只是受到了一些皮外伤,但刹车失灵的轿车还是将一位行人撞伤。在该起刹车失灵的事故中,由谁来承担责任?

解析

《侵权责任法》第四十九条规定,因租赁、借用等情形机动车所有人与使用人不是同一人时,发生交通事故后属于该机动车一方责任的,由保险公司在机动车强制保险责任限额范围内予以赔偿。不足部分,由机动车使用人承担赔偿责任;机动车所有人对损害的发生有过错的,承担相应的赔偿责任。本案中,发生交通事故的车辆是洪某租来的,车辆所有人应当保证该轿车的安全使用性能,且致害的主要原因是刹车失灵,洪某为了保命不得不弃车而逃,因此洪某在该起事故并无过错,所以不承担责任。至于责任的最终承担者应当依据上述规定,由保险公司在机动车强制保险责任法限额范围内予以赔偿。超出的范围,由机动车所有人承担相应的赔偿责任。

20. 车辆已交付，但未完成过户时发生交通事故致人损伤，责任由谁来承担？

案例

郑某将车卖给同事朱某，朱某在付了全款之后，便将车开走。后由于郑某临时出差，便未和朱某办理车辆过户手续。郑某在出差回来之后得知，朱某在驾驶该车之时，发生了交通事故，将一行人撞伤，现在受害者将朱某和郑某一同起诉至法院，要求二人承担赔偿责任。郑某是否承担责任？

解析

《侵权责任法》第五十条规定，当事人之间已经以买卖等方式转让并交付机动车但未办理所有权转移登记，发生交通事故后属于该机动车一方责任的，由保险公司在机动车强制保险责任限额范围内予以赔偿。不足部分，由受让人承担赔偿责任。本案中，郑某和朱某就郑某的车辆达成二手车买卖协议，朱某支付了全款，郑某交付了车辆，后由于郑某工作原因，并未及时办理车辆过户手续，在此期间，又恰巧赶上朱某发生了交通事故，郑某对于朱某的交通事故并无过错。因此根据上述规定，由保险公司在机动车强制保险责任限额范围内予以赔偿。不足部分，由受让人朱某承担赔偿责任。

21. 车辆被盗之后发生交通事故，车辆所有人需要赔偿吗？

案例

陈某发现自己的车辆被偷了，便向警方报了案。在等待警方破案的过程中,陈某突然收到了法院的传票,说自己的车辆发生了交通事故,肇事者已经逃逸,受害者家属只能将车主陈某起诉至法院,要求其承担责任。陈某的车辆被盗之后发生的交通事故,由谁来承担责任?

解析

《侵权责任法》第五十二条规定,盗窃、抢劫或者抢夺的机动车发生交通事故造成损害的,由盗窃人、抢劫人或者抢夺人承担赔偿责任。保险公司在机动车强制保险责任限额范围内垫付抢救费用的,有权向交通事故责任人追偿。本案中,陈某的车辆在被盗窃时间段内,发生了交通事故,肇事者逃逸,在受害者家属找不到肇事者的情况下,应当由保险公司在机动车强制保险责任限额范围内垫付抢救费用。如果日后找到盗窃车辆的嫌疑人或者肇事者,再由其承担责任,保险公司亦可向其追偿。

22. 交通事故肇事者逃逸,受害人该怎么办?

案例

高某在遛弯的过程中,被一辆套牌的报废车撞倒,肇事者弃车逃逸。由于该车属于报废车,又被改装过,根本无法查询其来源。高某被抢救过来之后,在医院治疗了近一年才出院。出院后的高某,越想心里越生气,难道在找不到肇事者的情况下,只能自认倒霉吗?

解析

《侵权责任法》第五十三条规定,机动车驾驶人发生交通事故后逃逸,该机动车参加强制保险的,由保险公司在机动车强制保险责任范围内给予赔偿;机动车不明或者该机动车未参加强制保险,需要支付被侵权人人身伤亡的抢救、丧葬等费用的,由道路交通事故社会救助基金垫付。道路交通事故社会救助基金垫付后,其管理机构有权向交通事故责任人追偿。本案中,高某的遭遇非常值得同情,在常人看来,这种情况下,貌似只能由高某自认倒霉,其实不然。法律已经明确规定,高某的抢救费用,应当由社会救助基金垫付。

23. 环境污染因果关系举证责任由谁承担?

案例

胡某是当地有名的养鱼大王,原本味道鲜美可口的鱼产品,最近却有股怪味充斥其中,使胡某的鱼类在市场上根本卖不出去。胡某想起了其养鱼场附近有一家化工厂,怀疑鱼的怪味是受到化工厂排污污染所致,便聘请了专业人员对其水质进行检测。不出胡某所料,其养鱼场的水质果然受到化工厂的污染。现在胡某想起诉这家化工厂,举证责任如何分配呢?

解析

《侵权责任法》第六十六条规定,因污染环境发生纠纷,污染者应当就法律规定的不承担责任或者减轻责任的情形及其行为与损害之间不存在因果关系承担举证责任。本案中,如果胡某起诉该化工厂污染侵权,那么其中的举证责任无须胡某承担。在环境污染侵权案件中,实行"举证责任倒置"原则,由化工厂举证证明胡某的养鱼场受到污染与自己的排污行为无关。

24. 路面塌陷致人损伤，由谁来承担责任?

案例

高某骑摩托车下班途中，路面突然发生塌陷，与高某同位置的其他行人，均掉进一个三米多深的沟内，多人有不同程度受伤。事后经过调查，是某地下挖掘施工工程偷工减料才导致了此次事故。高某的损伤应由谁来承担责任?

解析

《侵权责任法》第七十三条规定，从事高空、高压、地下挖掘活动或者使用高速轨道运输工具造成他人损害的，经营者应当承担侵权责任，但能够证明损害是因受害人故意或者不可抗力造成的，不承担责任。被侵权人对损害的发生有过失的，可以减轻经营者的责任。本案中，因为地下挖掘施工存在偷工减料的原因致使出现行人摔伤的侵权事故，应当由该施工工程管理者对受害者承担侵权责任。

25. 邻居故意挑逗宠物狗被咬伤，由谁来承担责任?

案例

王某与余某是同一楼层的住户，余某看到王某牵着狗，见王某故意躲着自己，便紧走两步堵在王某准备绕道而行的路上，并对王某嚷嚷道："我告诉你，我们家有小孩，你这天天遛狗，把我们家孩子咬了怎么办，我限你今日赶紧把这条破狗给处理了，否则别怪我跟你不客气。"王某懒得理他，继续牵着狗绕道走。余某见王某竟然不理会自己，顿时怒火中烧，抬起一脚就踢向王某的狗，狗的反应敏捷，它一侧身躲过余某飞来的一脚，并同时一口咬向余某的小腿。由于是夏天，余某穿着短裤，顿时被咬出一条口子，鲜血流出。王某见状便拨打了“120”，将余某送往了医院救治。余某的损伤由谁来承担责任？

解析

《侵权责任法》第七十八条规定，饲养的动物造成他人损害的，动物饲养人或者管理人应当承担侵权责任，但能够证明损害是因被侵权人故意或者重大过失造成的，可以不承担或者减轻责任。本案中，王某知道余某并不喜欢自己的爱犬，所以故意绕道而行，而余某并不领情，故意拦住王某，并用脚踹王某的狗，最后导致狗咬人事件，应该由余某自己承担后果。王某已经尽到管理责任，并不承担责任。

26. 暑假去动物园玩，被里面的动物咬伤了，由谁来承担责任？

案例

小学生李某和张某结伴参观动物园，新引进的老虎园体验很特殊，是把人放进一个笼子里面去，然后通过输送机放进老虎园，让老虎在外面围观人类。李某和张某觉得很有意思，便买了票去体验。虽然进老虎园很刺激，但令人意外的事件还是发生了，李某因为看见里面有一只小老虎很可爱，就伸出手去抚摸，被旁边的虎妈妈看见，一个箭步，就窜向了游人笼子，李某躲闪不及，胳膊被老虎死死地咬住不放。老虎园的管理员赶紧出手相救，才让李某脱险，但李某的胳膊还是被老虎咬伤了，可能还会留下残疾和后遗症。在该起老虎伤人事件中，由谁来承担责任？

解析

《侵权责任法》第八十一条规定,动物园的动物造成他人损害的,动物园应当承担侵权责任,但能够证明尽到管理职责的,不承担责任。本案中,未成年人李某进入老虎园参观老虎,将手伸出摸虎崽,管理员并未出手制止,足以见得管理员未尽到管理职责,因此动物园应当对李某的损害承担侵权责任。

27. 猫咪爱好者收养野猫扰民,该如何解决?

案例

秦某是一位白领,由于工作的压力,患上了失眠症和抑郁症。如果不服用安眠药,根本无法入睡。最近楼上又搬来一个新住户江某,新住户是一位猫咪爱好者,专门收养流浪猫,入住一个月以来,光流浪猫就收养了十几只。令秦某无法忍受的是,每到夜深人静的时候,就会传来此起彼伏的猫叫声,吵得秦某彻底睡不着了,吃安眠药都不管用。其他邻居也有意见,江某收养流浪猫的行为太扰民了该如何解决?

解析

《侵权责任法》第八十四条规定,饲养动物应当遵守法律,尊重社会公德,不得妨害他人生活。本案中,江某收养流浪猫的行为虽然在道德上值得赞赏,但也应当遵守法律,其收养十几只流浪猫并养在楼房里的行为已经严重妨害了他人的生活,因此应当主动搬离,给流浪猫找一处适合养它们的地方,避免扰民。

28. 行人在小区里被抛掷物品砸伤，由谁来承担责任？

案例

方某在一座居民楼下行走时，不知道谁从楼上扔下一个玻璃烟灰缸，刚好砸中了方某的头部，顿时鲜血淋漓。方某抬头望去，也看不到是从谁家的窗户砸出来的，只得报警处理。方某的损伤由谁来承担责任？

解析

《侵权责任法》第八十七条规定，从建筑物中抛掷物品或者从建筑物上坠落的物品造成他人损害，难以确定具体侵权人的，除能够证明自己不是侵权人的外，由可能加害的建筑物使用人给予补偿。本案中，受害者方某只能确定是在这座居民楼下被砸，并不能指出是哪一家具体侵权人所为，因此该栋建筑物的使用人对方某被砸的损伤承担补偿责任，除非建筑物使用人能够证明自己不是侵权人。

（六）房屋买卖租赁篇

1. 没有预售许可证，签订的房屋买卖合同是否有效？

案例

高某购买本市近郊某楼盘一套两居室，和开发商签订房屋买卖合同之后，时间没过多久，高某就听说他们所购买的楼盘因一些原因，在没有取得预售许可证的情况下，就开始对外出售了。高某听到此消息后，非常担心，他签订的房屋买卖合同是否有效？

解析

依据《商品房销售管理办法》第六条的规定，商品房预售实行预售许可制度。商品房预售条件及商品房预售许可证明的办理程序，按照《城市房地产开发经营管理条例》和《城市商品房预售管理办法》的有关规定执行。商品房买卖合同，是指房地产开发企业（以下统称为出卖人）将尚未建成或者已竣工的房屋向社会销售并转移房屋所有权于买受人，买受人支付价款的合同。出卖人未取得商品房预售许可证明，与买受人订立的商品房预售合同，应当认定无效，但是在起诉前取得商品房预售许可证明的，可以认定有效。由此可知，房屋预售必须取得预售许可证，本案中如果高某准备通过诉讼途径解决此事，开发商若能在起诉前获得了房屋预售许可证，那么法院就可以对他们之间签订的房屋买卖合同进行有效的认定。

2. 打算买的房产含有开发商宣传送的顶层花园，该花园能出售吗？

案例

杨某在上班的途中看到某开发商散发的某楼盘宣传广告，上面明确写着“买顶层送花园”的宣传内容。售楼处导购主任介绍，开发商在顶层的上面盖一栋花园，将花园和住宅一块捆绑出售，以促进顶层房屋销售。杨某跟丈夫便和开发商签订了房屋买卖合同。杨某夫妇二人收房的时候，却被告知他们购买的住宅可以办房产证，而顶层的花园无法办理房产证，只能由开发商开一张证明，证明这个花园是属于杨某夫妇所有。该花园是否能够办理产权证？

解析

依据《物权法》的相关规定，业主对建筑物内的住宅、经营性用房等专有部分及专有部分以外的共有部分，享有权利，承担义务；不得以放弃权利不履行义务。业主对专有部分享有所有权，对专有部分以外的共有部分享有共有和共同管理的权利。除法律、行政法规规定的共有部分外，建筑区划内的以下部分，也应当认定为《物权法》第六章所称的共有部分：

(1)建筑物的基础、承重结构、外墙、屋顶等基本结构部分，通道、楼梯、大堂等公共通行部分，消防、公共照明等附属设施、设备，避难层、设备层或者设备间等结构部分；

(2)其他不属于业主专有部分，也不属于市政公用部分或者其他权利人所有的场所及设施等。

建筑区划内的土地，依法由业主共同享有建设用地使用权，但属于业主专有的整栋建筑物的规划占地或者城镇公共道路、绿地占地除外。

住宅的自用部位和自用设备,是指户门以内的部位和设备,包括水、电、气户表以内的管理和自用阳台。住宅的共用部位,是指承重结构部位(包括楼盖、屋顶、梁、柱、内外墙体和基础等)、外墙面、楼梯间、走廊通道、门厅、楼内自行车存车库等。住宅的共有设施设备,是指共用的上下水管道、落水管、邮政信箱、垃圾道、烟囱、供电干线、共用照明、天线、暖气干线、供暖锅炉房、高压水泵房、消防设施和电梯等。

建设单位或者其他行为人擅自占用、处分业主共有部分、改变其使用功能或者进行经营性活动,权利人请求排除妨害、恢复原状、确认处分行为无效或者赔偿损失的,人民法院应予支持。

擅自进行经营性活动的情形,权利人请求行为人将扣除合理成本之后的收益用于补充专项维修资金或者业主共同决定的其他用途的,人民法院应予支持。行为人对成本的支出及其合理性承担举证责任。

由此可知,顶层的花园属于屋顶的一部分,本质上属于房屋的共用部位,虽然开发商将该花园和顶层住宅捆绑销售,但依据我国的法律规定,很明显顶层的花园属于业主共有的,因此无法办理产权证。本案中相对比较好的解决方案就是要求开发商将顶层花园部分涉及的房款退还买房人。

3. 商品房"现房"具备什么条件才能销售?

案例

叶某夫妇的朋友高某告诉他们,某楼盘现在正出售现房,还带精装修,只要交了房款,就能随时入住。为了稳妥起见,叶某夫妇在购买前,想知道商品房应当具备什么条件,才可以对外出售?

解析

根据《商品房销售管理办法》的相关规定,商品房现售,应当符合以下条件:(1)现售商品房的房地产开发企业应当具有企业法人营业执照和房地产开发企业资质证书;(2)取得土地使用权证书或者使用土地的批准文件;(3)持有建设工程规划许可证和施工许可证;(4)已通过竣工验收;(5)拆迁安置已经落实;(6)供水、供电、供热、燃气、通讯等配套基础设施具备交付使用条件,其他配套基础设施和公共设施具备交付使用条件或者已确定施工进度和交付日期;(7)物业管理方案已经落实。由此可知,消费者如果想购买现房,该现房必须达到上述规定中的条件。

4. 房屋买卖合同应当具备什么条款?

案例

叶某夫妇相中了一套两居室,就在二人准备签订合同的时候,一向谨慎小心的夫妇二人,担心开发商会忽悠自己,他们想知道,与和开发商签订的房屋买卖合同中,应当具备什么条款?

解析

根据《商品房销售管理办法》第十六条的规定,商品房销售时,房地产开发企业和买受人应当订立书面商品房买卖合同。

商品房买卖合同应当明确以下主要内容:

(1)当事人名称或者姓名和住所;

(2)商品房基本状况;

(3)商品房的销售方式;

(4)商品房价款的确定方式及总价款、付款方式、付款时间；

(5)交付使用条件及日期；

(6)装饰、设备标准承诺；

(7)供水、供电、供热、燃气、通讯、道路、绿化等配套基础设施和公共设施的交付承诺和有关权益、责任；

(8)公共配套建筑的产权归属；

(9)面积差异的处理方式；

(10)办理产权登记有关事宜；

(11)解决争议的方法；

(12)违约责任；

(13)双方约定的其他事项。

由此可知，消费者在购买现房和开发商签订房屋买卖合同之时，一定要认真仔细阅读上述条款，如果不满意可以与开发商协商或者补充相关内容。

5. 买房时，遭遇"一房二卖"该怎么办？

案例

叶某夫妇和开发商达成关于某楼盘一套两居室的商品房买卖合同。但令叶某夫妇没想到的是，就在准备搬进去入住的时候，忽然发现他们选购的这套房屋已经有人事先搬了进去。原来有另外一家人也看上了叶某夫妇选购的这套房屋，便以高于叶某夫妇房价 5 万元的价格买下了这套房屋，也和开发商签订了合同，而且已经办理了房屋过户，且不动产权证也已经拿到手中。叶某夫妇该怎样维权？

解析

根据《物权法》第九条的规定，不动产物权的设立、变更、转让和消灭，经依法登记，发生效力；未经登记，不发生效力，但法律另有规定的除外。《物权法》第十五条规定，当事人之间订立有关设立、变更、转让和消灭不动产物权的合同，除法律另有规定或者合同另有约定外，自合同成立时生效；未办理物权登记的，不影响合同效力。根据《合同法》的相关规定，当事人一方不履行合同义务或者履行合同义务不符合约定的，应当承担继续履行、采取补救措施或者赔偿损失等违约责任。《合同法》第一百零八条规定，当事人一方明确表示或者以自己的行为表明不履行合同义务的，对方可以在履行期限届满之前要求其承担违约责任。由此可知，本案中叶某夫妇和开发商签订的房屋买卖合同依然有效，但是由于该房屋已经被过户到第三人名下，因此叶某夫妇不能获得该房屋的所有权，只能依据上述规定，要求"一房二卖"的开发商承担违约责任。

6. 买到的二手房，里面有租户，该怎么办？

案例

张某夫妇在近郊地段购买了一套二手房，并办理了房屋过户登记手续，准备搬进去的时候发现房屋里面住了人，仔细打听下得知，原来这套二手房房主在出售之前，为了避免因为房屋闲置所造成的损失，已经于出售前两个月就将房屋出租给王某一家人。王某已经和原房主签订了为期半年的房屋租赁协议，也就是说，张某夫妇如果想搬进去，至少要等到四个月后王某租赁合同到期了，才能搬进去居住。张某夫妇该怎么办？

解析

依据我国《合同法》第二百二十九条的相关规定,租赁物在租赁期间发生所有权变动的,不影响租赁合同的效力。私有房屋在租赁期内,因买卖、赠与或者继承发生房屋产权转移的,原租赁合同对承租人和新房主继续有效。据此可知,张某夫妇只能等待租户的租约到期之后,才能搬进去住,其无权要求租户搬走。但张某夫妇可以要求原房主承担迟延交房的违约金。

7. 买到的二手房,被起诉了,该怎么办?

案例

叶某听闻老同学周某因为要移民国外,准备将街边的自住房出售。于是二人在和周某协商之后,签订购房协议,以市价购买了该套房屋,且办理了房屋过户手续。周某出国一个月后,叶某在某个下午突然接到法院的通知,说自己被起诉了,细问之下,才知道,原来老同学周某出售的这套房屋总共三间(均登记在周某名下),属于继承了父母的老宅子,但其中一间属于周某弟弟小周所有,现在小周得知哥哥周某将自己拥有份额的房屋给卖了,因此准备以诉讼的方式要回房子。

解析

根据《物权法》第一百零六条的规定,无处分权人将不动产或者动产转让给受让人的,所有权人有权追回;除法律另有规定外,符合下列情形的,受让人取得该不动产或者动产的所有权:

(1)受让人受让该不动产或者动产时是善意的;

(2)以合理的价格转让;

(3)转让的不动产或者动产依照法律规定应当登记的已经登记,不需要登记的已经交付给受让人。

受让人依照前款规定取得不动产或者动产的所有权的,原所有权人有权向无处分权人请求赔偿损失。

当事人善意取得其他物权的,参照前两款规定。

由此可知,叶某夫妇以合理的市价购买了该套房屋,并不知该房屋还有小周的份额,且该房屋已经过户到叶某夫妇名下,属于善意受让人,取得该房屋的所有权。

8. 房子在出售过程中遭遇火灾,该怎么办?

案例

陈某夫妇和李某签订了二手房买卖合同,合同约定:“2017年5月15日,李某将房屋全款支付给陈某夫妇,陈某夫妇收到房款后,一个星期之内搬离房屋,并将钥匙交于李某。”同时还约定,双方于5月25日去房管局办理房屋过户手续。就在这期间,一个电闪雷鸣的夜晚(时间是5月24日凌晨,李某已经搬进去居住,第二天去办理过户),陈某夫妇的门面房遭雷击,并发生了火灾,房屋烧毁面积高达百分之八十。买房人李某见房屋几乎被大火毁于一旦,并不想要这被烧毁的房子了,该怎么办?

解析

最高人民法院《关于审理商品房买卖合同纠纷案件适用法律若干问题的解释》第十一条规定,对房屋的转移占有,视为房屋的交付使用,但当事人另有约定的除外。房屋毁损、灭失的风险,在交付使用前由出卖人承担,交付使用后由买受人承担;买受人接到出卖人的书面交房通知,无正当理由拒绝接收的,房屋毁损、灭失的风险自书面交房通知确定的交付使用之日起由买受人承担,但法律另有规定或者当事人另有约定的除外。由此可知,房屋虽然没有办理过户,但已经由陈某夫妇交付给李某居住,在此之后发生的毁损风险,应当由李某自己承担。李某也不得因此要求陈某夫妇返还自己已经支付的买房钱或者要求陈某夫妇另外交付房产。

9. 买了套二手房,对方过户前反悔,该怎么办?

案例

刘某打算购买同事小张的房子,小张告诉刘某自己名下的这套房子属于经济适用房,第二年这个时候刚好满五年,可以上市交易了,所以现在还不能办理过户,但价格肯定也能便宜。后来两人经过商量,以低于市价2万元的价格成交,并签订了房屋买卖合同,约定第二年8月11日去当地房管部门办理过户。支付房款之后,刘某就搬了进去,在离约定过户的日子还有半个月的时候,小张突然告知刘某,他家中情况有变,房子不能卖了,可以把全部房款退给刘某。但刘某也很为难,这一年的房价最少也上涨了百分之二十左右,刘某便主张按照合同约定的来,到期过户。小张却主张,因为房子未过户,所以房屋买卖合同并未成立生效。刘某与小张的房屋买卖合同有效吗?

解析

《合同法》第四十四条规定,依法成立的合同,自成立时生效。法律、行政法规规定应当办理批准、登记等手续才生效的,依照其规定。此外,依据《物权法》第十五条的规定,当事人之间订立有关设立、变更、转让和消灭不动产物权的合同,除法律另有规定或者合同另有约定外,自合同成立时生效;未办理物权登记的,不影响合同效力。由此可知,本案中刘某和小张的房屋买卖合同已经生效,虽然因为未满五年不能办理过户,但这并不影响合同的效力,并且按照合同的约定,一旦该房屋满五年就能够上市交易了,依据上述规定,小张应当履行办理房屋过户的义务。

10. 最近准备租房,想知道出租的房子需要符合什么条件?

案例

杨某打算租房,为了不至于在租房的过程中被骗,杨某想知道出租的房子要符合什么条件。

解析

根据《商品房屋租赁管理办法》第六条的规定,有下列情形之一的房屋不得出租:属于违法建筑的;不符合安全、防灾等工程建设强制性标准的;违反规定改变房屋使用性质的;法律、法规规定禁止出租的其他情形。此外,承租人杨某如果想租房,还需要注意如下问题:

第一,房屋租赁是指房屋所有权人作为出租人将房屋交付给承租人占有、使用、收益,由承租人按合同约定的租金向出租人支付租金的民事法律行为。为了防止假房东骗钱,一定要仔细检查房东的不动产权证,还要看房东的身份证原件。为了保证这些证件不是伪造的,最好再到房管所、居委会或物业部门了解该房屋的产权状况,必要的时候还可以拿着自己的身份证或委托律师到房地产管理登记部门查阅出租房屋的产权登记情况。

第二,如果出租人不是真正的房东怎么办?出租人是指拥有房屋所有权的人,也可以是依法代管房屋的代管人或者法律规定的其他权利人。

所以，出租人也有可能不是房屋的所有权人。在出租人不是房东的情况下，为了保证他有权利出租，除了查看房产证以外，还要认真检查出租人的身份证、房东委托他出租的委托书，最好再和房东亲自联系一下，以免上当受骗。

第三，认真检验不动产权证，不动产权证是能够证明房屋所有权的依据之一，所以，一定要仔细检查，辨明真假。检查不动产权证的时候要看产权证上是否有当地房地产管理部门的公章，身份证原件上的姓名与产权证上姓名是否一致，出租房屋和产权证上所写的房屋是否一致。此外，还要看一下产权证上是否还有其他人的名字，是不是由几个人共有该房屋，以及是不是存在抵押等情况。

第四，出租人即使没有《房屋租赁许可证》，租赁合同依然有效；但是在房屋租赁中，以下两类承租人如果没有《房屋租赁许可证》就不能办理相关手续。一是对于租用房屋从事生产经营活动的承租人来说，《房屋租赁许可证》可以作为经营场所合法的凭证。二是对于租房用于居住的承租人来说，《房屋租赁许可证》是其向公安机关办理户口登记的凭证之一。

如果要办理《房屋租赁许可证》，应该到当地政府房地产管理部门办理。如果是县政府所在地以外的建制县，就要在市、县政府房地产管理部门委托的机构办理。因此，租房之前先别忙，一定要全面考察房主的身份、房屋的产权状况，确定出租人是否有权出租。

11. 租房必须要备案吗？租房协议必须是书面的吗？

案例

杨某在租房过程中，想了解法律关于房屋租赁备案和签订书面房屋租赁协议方面有哪些规定。

解析

依据《商品房屋租赁管理办法》第十四条、第十五条、第十六条的相关规定，房屋租赁当事人应当在租赁合同签订后三十日内，到租赁房屋所在地直辖市、市、县人民政府建设（房地产）主管部门办理房屋租赁登记备案。房屋租赁当事人可以书面委托他人办理租赁登记备案。办理房屋租赁登记备案，房屋租赁当事人应当提交下列材料：

（1）房屋租赁合同；

（2）房屋租赁当事人身份证明；

（3）房屋所有权证书（不动产权证书）或者其他合法权属证明；

（4）直辖市、市、县人民政府建设（房地产）主管部门规定的其他材料。

房屋租赁当事人提交的材料应当真实、合法、有效，不得隐瞒真实情况或者提供虚假材料。

对符合下列要求的，直辖市、市、县人民政府建设（房地产）主管部门应当在三个工作日内办理房屋租赁登记备案，向租赁当事人开具房屋租赁登记备案证明：

（1）申请人提交的申请材料齐全并且符合法定形式；

（2）出租人与房屋所有权证书（不动产权证书）或者其他合法权属证明记载的主体一致；

（3）不属于《商品房屋租赁管理办法》第六条规定不得出租的房屋。

申请人提交的申请材料不齐全或者不符合法定形式，直辖市、市、县人民政府建设（房地产）主管部门应当告知房屋租赁当事人需要补正的内容。

由此可知，出租房屋，必须进行房屋租赁备案。此外，租赁期限六个月以上的,应当采用书面形式。当事人未采用书面形式的,视为不定期租赁。也就是说,如果杨某租房是超过六个月的,最好是签订书面租赁协议,这样才有更好的法律保障。

12. 我是租户,享有哪些权利和义务?

案例

杨某比较顺利地租下了房子,也了解了相关保障内容,但作为承租人来说,还是住在别人的房子里面,他担心有一天房主变卦的话,又会和自己起冲突,甚至可能会把自己赶出去。因此他想知道作为承租人来说,自己享有什么权利,又承担什么义务呢?

解析

依据《合同法》第二百二十一条、第二百二十五条、第二百三十五条的规定,承租人在租赁物需要维修时可以要求出租人在合理期限内维修。出租人未履行维修义务的,承租人可以自行维修,维修费用由出租人负担。因维修租赁物影响承租人使用的,应当相应减少租金或者延长租期。在租赁期间因占有、使用租赁物获得的收益,归承租人所有,但当事人另有约定的除外。租赁期间届满,承租人应当返还租赁物。返还的租赁物应当符合按照约定或者租赁物的性质使用后的状态。此外,根据《商品房屋租赁管理办法》第十条、第十一条、第十二条的规定,承租人应当按照合同约定的租赁用途和使用要求合理使用房屋,不得擅自改动房屋承重结构和拆改室内设施,不得损害其他业主和使用人的合法权益。承租人因使用不当等原因造成承租房屋和设施损坏的,承租人应当负责修复或者承担赔偿责任。承租人转租房屋的,应当经出租人书面同意。承租人未经出租人书面同意转租的，出租人可以解除租赁合同，收回房屋并要求承租人赔偿损失。房屋租赁期间内，因赠与、析产、继承或者买卖转让房屋的，原房屋租赁合同继续有效。承租人在房屋租赁期间死亡的，与其生前共同居住的人可以按照原租赁合同租赁该房屋。

由此可知，杨某作为承租人虽然住在了他人的房子内，但并没有低人一等。法律依然赋予了杨某较多的权利，当然在享有权利的同时，依然要履行法律规定的相关义务。

13. 我是租户，装修房子必须经过房东同意吗？

案例

张某想装修一下现在租住的这套房子，考虑到这套房子不是自己的，先和房主商量，但房主不同意张某装修房子。张某有权装修房子吗？

解析

依据《合同法》相关规定，我们从以下几方面对本案进行分析：

第一，按照《合同法》第二百二十三条的规定，承租人经出租人同意，可以对租赁物进行改善或者增设他物。承租人未经出租人同意，对租赁物进行改善或者增设他物的，出租人可以要求承租人恢复原状或者赔偿损失。因此，承租人必须在得到出租人的同意后才能装修房屋、增加附属设施，而且在装修的时候也不能随意改变房屋的结构，拆除承重墙。如果承租人没有得到出租人的同意就装修了，承租人不仅要恢复原来的状态，还要赔偿出租人的损失。

第二，《合同法》第二百一十八条和第二百一十九条规定，承租人按照约定的方法或者租赁物的性质使用租赁物，致使租赁物受到损耗的，不承担损害赔偿责任。承租人未按照约定的方法或者租赁物的性质使用租赁物,致使租赁物受到损失的,出租人可以解除合同并要求赔偿损失。因此,承租人应该按照双方合同的约定使用租赁物,否则,出租人可以要求解除合同并要求赔偿损失。

第三,如果房屋确实存在质量问题,需要进行维修,那么承租人需要同出租人取得联系,要求出租人进行维修。按照《合同法》第二百二十一条的规定,承租人在租赁物需要维修时可以要求出租人在合理期限内维修。出租人未履行维修义务的,承租人可以自行维修,维修费用由出租人负担。因维修租赁物影响承租人使用的,应当相应减少租金或者延长租期。可见,承租人对于房屋的维修和改造只能限于房屋确实需要进行维修这一条件,或者是在取得出租人同意之后进行。

第四,经过出租人同意的装修,双方可以自行约定财产归谁所有。可以在出租人同意的情况下,将装修后的财产折价转让给出租人。

本案中,承租人张某要想装修房屋一定要征得出租人也就是房东的同意,否则自己不但不能享受,还要赔偿损失。

14. 我是租户,房屋老化导致我受伤,该怎么办?

案例

赵某租住的房子是20世纪80年代末期的职工福利房,已经有数十年的房龄了,房屋内部很多地方已经出现了老化的现象,虽然还不算危房,但总给人一种不踏实的感觉。某个周末的下午,在客厅休息的赵某被头顶掉下来的吸顶灯砸中,花去医药费若干。经过检测,是天花板老化,导致吸顶灯固定处松动,赵某的损伤由谁来承担责任?

解析

按照《合同法》第二百二十条的规定，出租人应当履行租赁物的维修义务，但当事人另有约定的除外。所以，及时检查、维修出租房屋是出租人的法定义务，除非双方在合同中约定由承租人来承担维修义务，否则出租人有义务检查、维修房屋，保证房屋符合合同规定的用途。对于承租人增添的附属设备，双方也可以约定由谁来负责维修。

如果房屋损坏是因为承租人的过错造成，或者是因为地震等不可抗力的因素造成，或者双方约定由承租人负责检查、维修房屋的，出租人可以免责。但是，要注意的是，如果该房屋是因为出租人未及时履行检查、维修义务，使房屋未处于良好使用状态下，发生了不可抗力的事件而致使房屋损坏的，出租人不能免责，并应依过错程度承担一定责任。

如果双方约定由承租人负责检查、维修房屋，但是出租人在出租时，对该房屋的现状有所隐瞒的，如果房屋发生破坏性事故，出租人也不能因此完全免责。

综上所述，对出租人拒不修房的，承租人赵某可以先垫付费用自行维修，或者请物业维修，然后向出租人追偿维修费用。为了有效获得补偿，在这个过程中，承租人一定要注意保留证据，如房屋损坏情况、损坏的原因、维修费用收据，以及曾经要求出租人维修的证据等。

15. 我是租户，房东要卖房，我还能住吗？

案例

杨某租住的房子被房主卖给了高某，这套房子已经登记到了新房主高某的名下,高某让杨某赶紧腾房。但杨某和前房主签订的房屋租赁合同的期限是一年,还未到期,而且现在房屋租赁市场上租金已经上涨了,杨某如果换房租住,还要承受不小的经济损失,所以杨某不想搬出。此案中,杨某还能继续租住吗?

解析

依据《合同法》的相关规定,如果出租人要卖掉房子,应当首先通知承租人。如果想购买房子的人给出的条件和承租人的条件相同,那么出租人应当把房子卖给承租人,这就叫做“优先购买权”。《合同法》第二百三十条规定,出租人出卖租赁房屋的,应当在出卖之前的合理期限内通知承租人,承租人享有以同等条件优先购买的权利。当然,如果承租人出的价格比别人低,出租人就可以把房子卖给别人了。

《合同法》第二百二十九条规定,租赁物在租赁期间发生所有权变动的,不影响租赁合同的效力。因此,如果承租人不想买下这套房子,那么承租人在原租赁合同规定的时间内,还是可以按照原合同的条款继续租用这套房子,新出租人没有权利让承租人搬走。这就是所谓的“买卖不破租赁”。杨某可以按照该条款的规定,不搬出该房,买房人也不能根据对该房的所有权主张杨某搬出该房。

另外,最初的房屋租赁合同是承租人与老房东签订的,承租人应向老房东履行合同义务,所以在老房东提供证据证明新房东已享有产权,通知承租人向新房东支付租金,并由新房东与承租人签订租赁主体变更合同之前,承租人仍应按原合同履行,将租金交给老房东。

16. 我是租户，能转租房子吗？

案例

租户刘某因工作地点变动，想把承租的房子转租出去，刘某可以转租吗？

解析

依据《合同法》的相关规定，转租就是指承租人在租赁期间将承租的部分或者全部再出租的行为。将承租房屋交付他人使用并获得租金性质的保底收益的，均为房屋转租。

一般来说，承租的房屋是不能转租的，如承租人拖欠租金的、承租人在承租房屋内擅自搭建的、预租的商品房。此外，租赁合同中未约定可以转租，且出租人不同意转租的，承租人也不得擅自转租。承租人擅自转租的，出租人可以解除与承租人的租赁合同。

按照《合同法》第二百二十四条的规定，承租人经出租人同意，可以将租赁物转租给第三人。承租人转租的，承租人与出租人之间的租赁合同继续有效，第三人对租赁物造成损失的，承租人应当赔偿损失。承租人未经出租人同意转租的，出租人可以解除合同。因此，如果合同中规定，承租人有权在租赁期间内转租，承租人就可以自行将房子租给别人了。如果合同中对这个问题没有任何规定，承租人必须事先得到出租人的同意才可转租，否则就是违约，要承担责任。

房屋租赁合同的变更是会影响房屋转租合同的，承租人经出租人同意转租房屋的，承租人与出租人之间的租赁合同继续有效。房屋转租期间，租赁合同发生变更，影响转租合同履行的，转租合同应当随之变更。房屋转租期间，租赁合同解除的，转租合同也应当随之解除。

房屋转租期间，承租人应当继续履行租赁合同，转租人对承租房屋造成损失的,承租人应当赔偿损失,但出租人与转租当事人另有约定的除外。

17. 我手里的福利公房,能否出租?

案例

某小区房主陈某是一套公房的房主,因为最近购买了新房子,在搬出去之后,准备将这套房子出租出去,由于是着急出租,所以房租也比市价低了百分之二十,价格很合适。在中介的撮合下,赵某和房主陈某见了面,由于属于福利房性质的公房,赵某想知道到底是否能够出租?

解析

依据我国法律相关规定,第一,公房,即公有住房,指国家(中央或地方政府,城市政府)以及国有企业、事业单位投资兴建、销售的住宅,在住宅未出售之前,住宅的产权归国家所有。公有住宅由本地政府建设,向本市城市居民出租、出售,由企业建设的住宅,向本企业职工出租、出售。公房随着出售变为私房。而已购公有住房,是指本市城镇职工根据国家和市人民政府有关城镇住房制度改革政策的规定,购买并领取了房改成本价或标准价房屋所有权证的住房。包括根据有关规定,按照成本价或标准价购买的安居工程住房和集资合作建设的住房。

第二,很多已购公有住房不能出租:一是以低于城镇住房制度改革政策规定的价格购买并且没有按照规定补足房屋价款;二是已经被列入拆迁范围并已冻结户口的;三是擅自改变房屋使用性质的;四是法律、法规以及建设部、市人民政府规定的其他不得出租的情形。此外,要出租公房的出租人还应在遵循自愿、公平和等价有偿的原则下,持已取得房屋所有权证(不动产权证),或房屋所有权的共有权证、身份证和租赁合同等有关资料到房地产管理部门申请、办理租赁备案,领取《房屋租赁许可证》并持《房屋租赁许可证》到当地派出所办理《房屋租赁安全合格证》及《出租房屋标牌》。如果承租人是外埠人员,还须到派出所办理暂住证。

第三,按照我国相关法律规定,符合下列条件都可按照市场价格出租:已取得房屋所有权证(不动产权证);不是法律法规所规定的不能上市出租的已购公有住房;所有权共有的房屋,已取得其他共有人的同意;已设定抵押的房屋,已取得抵押权人的同意。

第四,已购公房出租必须是房屋的产权所有人。如果作为该房屋的出租代理人也是可以的,但必须取得欲出租房屋产权人的书面委托。没有房屋所有人委托代理出租的书面证明,是无权办理该房屋的出租事宜的。即便是签订了房屋出租合同,也是非法的,无效的。该房若有同住成年人的,必须与同住成年人协商,取得一致的意见后,形成同意出租的书面证明和委托书。这样,才可以出面与承租人洽谈、签合同、办理有关法律手续。

第五,对于出租人租住公房然后转租给承租人的情况,如果出租人事先征得了单位(房屋的所有权人)的同意,那么出租人就有权起诉承租人,要求他支付房租、违约金和损害赔偿金。如果出租人没有征得单位的同意私自转租,那么出租人就只能请求法院判决合同无效,然后要求承租人搬出,并支付房屋的使用费了。

对于出租人已经购买的公房,因为出租人是房屋的所有人,所以,他当然有权提起诉讼,要求承租人履行合同,支付租金和违约金,并且赔偿损失。公房承租人想转租所租住的公房,须征得拥有公房所有权的单位的同意。如果将公房作为廉租房出租,则无须征得单位的同意,单位也无权分享利益。

18. 我能否把房子租给外国人?

案例

叶某准备出国深造,想将房子租出去,并委托好朋友郭某代为处理此事。由于叶某比较爱干净,所以对租户要求很高,最终经过努力,郭某帮叶某物色了一位在某外企上班的英国人。在双方协商之后,叶某准备将房子出租给这名英国人。叶某的房子能否出租给外国人?

解析

依据我国法律规定,首先,涉外出租房屋的,都应在房屋土地管理部门备案。此外,出租人也要仔细检查外国人有没有在中国居留的合法证件、身份证明等。

其次,涉外出租登记备案需提交以下材料:包括涉外出租登记备案需提交房屋租赁合同登记备案申请书;房屋所有权证(不动产权证)、国有土地使用证、其他产权证明的文件;中文文本房屋租赁合同;双方当事人的合法证件;出租非外销房,应提交市建设项目涉外安全审查办的涉外安全审查批准文件;委托他人办理的应当提交委托人授权委托书。

再次,如果和外籍房客产生纠纷,可以通过调解、仲裁和向法院提起诉讼的方式解决。因为房屋租赁属于不动产纠纷,所以无论双方在合同中约定在哪里诉讼,无论外籍房客是否已经离开中国,出租人都可以在出租房屋的所在地,也就是在中国提起诉讼,适用中国的法律,使用中国的语言和文字,聘请中国的律师和外籍房客打官司。

最后,如果和外籍房客以仲裁方式解决纠纷,由双方可以任意约定仲裁地、仲裁机构和仲裁规则,所以出租人一定要注意在合同或仲裁协议中选择有利于自己的仲裁机构。

19. 出租中的房子，可以随便涨房租吗？

案例

杨某一直租住某小区的房屋，房东突然通知杨某涨百分之二十的房租，否则杨某就得搬走。但杨某认为，双方已经签订了书面的房屋租赁协议，并已就房屋租赁期限和租金明确约定在了合同里，房东不能随意涨房租。杨某的主张合法吗？

解析

《商品房屋租赁管理办法》第九条第二款规定，房屋租赁合同期内，出租人不得单方面随意提高租金水平。因此，杨某主张合法。对于租赁期限较长或未定租赁期限的房屋租赁，如果当时确定的租金金额和现在的租金相差太远，以至于对于出租人来说显然是不公平的，那么出租人就可以在法律政策允许的范围内，要求承租人适当地增加租金。如果承租人不同意，出租人可以向法院起诉。但是如果租赁期限较短，出租人就不能要求增加租金了。

出租人应当考虑多种因素，参照政府的住房租赁指导价格确定房租。除了房租，出租人不能向承租人收取其他费用。对于长期租赁合同，如因物价上涨导致租金过低，以至于显失公平，出租人可适当增加租金。

20. 租户死亡，租赁合同是否继续有效？

案例

陈某准备将房子卖掉。就在卖房的过程中，突然传来租户猝死的消息，但双方约定的房屋租赁合同还未到期，并且租户的家人就猝死的事情正在办理相关事宜,在这个过程中,租户的家人也已经搬进了陈某的房屋中,以解决事情为由住了下来。现在陈某想知道,一是房屋租赁协议是否继续有效?二是租户的家人是否能够继续住在自己的房子中?

解析

首先,按照《合同法》第二百三十四条的规定,承租人在房屋租赁期间死亡的,与其生前共同居住的人可以按照原租赁合同租赁该房屋。因此,房屋租赁期间承租人死亡的,该租赁合同仍继续有效。在本案中,虽然承租人是以一个人的名义租赁的房屋,但是如果承租人是与家人一起居住的,那么,承租人死亡后,其他一起居住的人有权要求继续履行原合同。

其次,租赁合同继续有效,这是为了保护合同双方之间的期待利益,因为双方在签订租赁合同时能够预料到在约定租赁期间内履行双方义务。虽然承租人已经死亡,但是与其一起居住的家属仍然需要居住的地方,所以,房东只能在与承租人的租赁合同到期之后才能要求承租人的家属搬出该房屋。

最后,承租人死亡,如果该承租人的家人并没有和他共同居住,原租赁合同就失效了。在没有经过出租人同意的情况下,未在一起居住的家人无权擅自搬入出租房屋。

另外,如果是出租人死亡,合同还是继续有效。在租赁期间,出租人死亡并不影响原租赁合同的效力。当出租人的继承人继承房屋时,继承人就自动成为新的产权人,双方应当继续履行合同,出租人的家人无权收回房屋。

综上,房屋租赁期间,承租人死亡,和承租人共同居住的人有权要求继续按照原租赁合同租住。如果是出租人死亡,则不影响租赁合同的效力。

21. 租户不交房租该怎么办?

案例

张某将房子租给孙某,没想到孙某是无业游民,长期拖欠房租,且行踪不定,张某很是烦恼。张某该怎么办?

解析

依据我国法律相关规定,首先,承租人无正当理由延迟缴付或拒绝缴付房租的,出租人可以要求承租人按照合同缴纳违约金。如果承租人未缴付房租累计达六个月之久,出租人可以收回房屋,解除合同,并要求承租人赔偿出租人因此受到的损失。如果承租人还是拒不缴付,出租人就可以请求法院强制其缴纳租金了。

其次,出租人不可以留置承租人在出租房屋内的财产,因为按照《中华人民共和国担保法》(以下简称《担保法》)的规定,只有一方依据合同占有另一方的财产,而另一方又没有按合同约定的期限履行债务时,才能留置另一方的财产。出租人依据租赁合同并不能占有承租人在出租房屋内的财产,所以除非双方在合同中约定,以承租人的某个财产作为支付房租的抵押,否则出租人就不能留置承租人的财产抵偿租金。

再次,如果承租人不交房租,出租人可以向法院起诉。出租人要去法院起诉承租人,有时效限制。承租人迟延缴付房租或者拒绝缴付房租,要适用特殊诉讼时效,也就是一年。如果出租人在一年内没有向承租人催缴,也没有向法院起诉,那么一年后,法院也不能帮出租人要回租金了。

最后,为了防止承租人拖欠房租,出租人可以采取以下应急措施。虽然出租人不能留置承租人的财产,但出租人可以立即向法院提起诉讼,要求法院查封、扣押承租人的财产,也就是诉讼财产保全。如果情况紧急,出租人也可以向法院申请诉前财产保全,然后再起诉。如果承租人没有正当理由却迟延支付租金或拒不支付租金,出租人可以要求承租人支付违约金,如果累计六个月没有支付房租,还可以收回房屋终止合同。如果还是不能收回租金,就可以请求法院强制执行。

22. 租房合同的免责格式条款,是否有效?

案例

杨某经过熟人介绍,从某市近郊租了一套平房,由于是熟人,杨某也没仔细看租房合同,就签了合同,住了进去。该市夏季突遭百年难见的大雨,杨某所住的房屋被破坏,导致房屋百分之三十的面积出现坍塌。现在房东拿出合同,上面的免责条款写着该房屋正在出租期间,出现任何毁损,均应由承租人负责修缮。该免责条款有效吗?

解析

依据我国法律相关规定,首先,房屋租赁合同可以订立免责条款。合同双方可以自行约定免除合同一方的某些责任,这是法律赋予合同当事人的自由,对方有义务遵守法律认可的免责条款。

其次,格式条款是合同一方为了重复使用而预先订好的条款,而且该条款在订立合同时没有和对方协商,因此拟定格式条款的出租人有义务以一种合理的方式提示承租人注意免除或者限制他的责任条款,例如,应当在合同中用不同颜色或者黑体字来打印免责条款,或者在订约的时候向承租人说明存在这个免责条款。如果承租人要求出租人解释,出租人也有义务解释,否则该免责条款很有可能无效。

再次,对于一般的合同,如果免除了承租人应承担的责任,或者免除了出租人因为自己故意或者重大过失而给承租人造成的财产损失应承担的责任,那么这样的免责条款就无效了。对于格式条款,除了以上的两种情况以外,如果出租人免除了自己的责任,加重了承租人的责任,排除了承租人的主要权利,那么这个免责条款就无效。保证房屋不会危及承租人的安全是出租人的基本义务,如果出租人在合同中免除自己的责任,这个免责条款就是无效的。

最后,对于无效的免责条款,并不影响合同其他条款的效力,所以,承租人可以向出租人说明该条款无效,要求出租人予以赔偿。如果出租人拒不赔偿,承租人有权向法院提起诉讼,或者向合同中选定的仲裁机构提起仲裁确认该条款的无效。

23. 租户不交物业费,房东有义务交吗?

案例

徐某将房子出租之后,所在的小区物业通知他缴纳物业费。但徐某拿出和租户签订的房屋租赁合同给物业公司的工作人员看,上面明确载明,在房屋租赁期间,物业费由租户缴纳。而物业公司的工作人员却不这么认为,他们只跟房主收物业费,至于租赁合同上面记载的约定,跟物业公司无关。徐某该交物业费吗?

解析

《合同法》第八十四条规定,债务人将合同的义务全部或者部分转移给第三人的,应当经债权人同意。所以,由承租人向物业公司缴纳物业费的约定,必须要得到物业公司的确认。如果出租人和承租人的这个约定没有得到物业公司的书面确认,那么这个约定也只能对出租人和承租人有约束力,而对物业公司不发生效力,出租人必须对物业公司承担责任。

如果出租人已将租赁合同交给物业公司备案,并取得物业公司的书面确认,那么出租人就可以拒绝支付承租人未支付的物业费。当然,为了以后顺利地继续出租房屋,出租人也可以先缴纳,再向承租人追缴,并要求其承担违约责任。承租人不缴付物业费,出租人应当要求对方在一定期限内履行,如果承租人仍不履行,出租人可以中止租赁合同并通知对方,以承租人支付的预付租金和保证金支付欠缴的物业费。

(七)交通肇事篇

1. 开车撞了人,可以"私了"吗?

案例

今年春节的时候,王某在老家搞了一场高中同学聚会,王某喝得酩酊大醉,不顾同学们的好言相劝,自己开车回家了。由于正赶上大雾天气,视野很不好,加上在酒精的作用下,王某没有采取相应减速措施,在一个交通路口处和另外一辆机动车发生碰撞,所幸只是汽车出现不同程度上的破损,没有人员损伤。这起交通事故,王某可以私了吗?

解析

根据《道路交通安全法》第七十条等的相关规定,在道路上发生交通事故,未造成人身伤亡,当事人对事实及成因无争议的,可以即行撤离现场,恢复交通,自行协商处理损害赔偿事宜;不即行撤离现场的,应当迅速报告执勤的交通警察或者公安机关交通管理部门。机动车与机动车、机动车与非机动车在道路上发生未造成人身伤亡的交通事故,当事人对事实及成因无争议的,在记录交通事故的时间、地点、对方当事人的姓名和联系方式、机动车牌号、驾驶证号、保险凭证号、碰撞部位,并共同签名后,撤离现场,自行协商损害赔偿事宜。当事人对交通事故事实及成因有争议的,应当迅速报警。对仅造成人员轻微伤或者发生财产损失事故,当事人对事实或者成因有争议的,以及虽然对事实或者成因无争议,但协商损害赔偿未达成协议的财产损失事故,公安机关交通管理部门可以适用简易程序处理,但是有交通肇事犯罪嫌疑的除外。据此可知,虽然本案中,并没有造成人身伤害,但王某存在醉酒后驾驶机动车的犯罪嫌疑,因此必须报警处理,不能通过“私了”解决此事。

2. 后悔“私了”解决交通事故了,该怎么办?

案例

赵某在步行去庙会公园的路上,被一辆电动车撞倒,赵某报警之后,由于自觉身体并没什么异样,且车主陈某愿意赔偿2000元,便同意和陈某在交警的见证下,达成和解协议。晚上,赵某突然头晕呕吐,并出现昏厥。家人赶紧拨打了“120”,送到当地急救中心,经过诊断,赵某的头晕呕吐正是由于白天交通事故所致,由于病情出现恶化,颅内已经出血,赵某一直昏迷不醒,并被送进了重症加强护理房。经过三天两夜的抢救,虽然赵某脱离了生命危险,但全身意识丧失,处于植物人的状态。后来,赵某的家人拿出和陈某签订的和解协议,了解了交通事故的来龙去脉,认为和解协议无效。

解析

根据《道路交通安全法》第七十条的相关规定,在道路上发生交通事故,车辆驾驶人应当立即停车,保护现场;造成人身伤亡的,车辆驾驶人应当立即抢救受伤人员,并迅速报告执勤的交通警察或者公安机关交通管理部门。未造成人身伤亡,当事人对事实及成因无争议的,可以即行撤离现场,恢复交通,自行协商处理损害赔偿事宜。因抢救受伤人员变动现场的,应当标明位置。乘车人、过往车辆驾驶人、过往行人应当予以协助。

王某因该起交通事故受重伤,因此,本案不适用自行协商。交通管理部门应当对本案进行重新的调查处理,在调查基础上,认定该事故的事实与责任,依法追究陈某的法律责任。

3. 孩子在小区内被撞了,属于交通事故吗?

案例

某小区的面积非常大,环境很好,安保措施也非常一流,禁止非小区的社会车辆进入。没有其他车辆进入,业主们开车出行非常方便。杨某是上班族,平日里都是开车上下班。某天开车下班进入小区之后,在小区的道路上缓慢地行驶着,由于接听手机,不慎将在小区道路上行走的女童叶某蹭倒,其父当场将杨某的车辆拦下,与其理论。所幸女童无大碍,双方在协商赔偿事宜的时候,无法达成协议。叶某的父亲认为这完全是杨某的责任,而杨某则认为叶某的父亲并未尽到监护义务,并且对在小区内出现的此起事件是否属于交通事故也产生了争议。

解析

根据《道路交通安全法》第一百一十九条的规定,“道路”,是指公路、城市道路和虽在单位管辖范围但允许社会机动车通行的地方,包括广场、公共停车场等用于公众通行的场所。车辆在道路以外通行时发生的事故,公安机关交通管理部门接到报案的,参照《道路交通安全法》有关规定办理。据此可知,本案中的小区安保措施到位,禁止社会车辆进出,因此在这个小区道路内出现的事故,并非交通故事,但同样可以报警处理。

4. 被外地司机撞了,本地交警管吗?

案例

水果摊主老宋在收摊的时候,一辆机动车突然冲上人行道,将水果摊连同老宋一起撞飞。所幸老宋只受到轻微的擦伤,当时就起来和司机理论,司机竟然气急败坏地说:“别挡我道,我有急事”,扔下一张名片,驾车离去。后来,老宋在联系肇事者的时候,肇事者又提出一个令老宋难以接受的说法,肇事者说自己不是老宋所在城市的人,想报警解决事的话,得去肇事者所在地的城市,要不肇事者也不愿意露面。这起事故到底应该由哪个地方的警察来解决?

解析

根据《中华人民共和国道路交通安全法》(以下简称《道路交通安全法》)第七十条的规定,在道路上发生交通事故,车辆驾驶人应当立即停车,保护现场;造成人身伤亡的,车辆驾驶人应当立即抢救受伤人员,并迅速报告执勤的交通警察或者公安机关交通管理部门。因抢救受伤人员变动现场的,应当标明位置。乘车人、过往车辆驾驶人、过往行人应当予以协助。据此可知,本案中肇事司机引起交通事故以有急事为由逃离的行为,本身就是违法的,一旦因为肇事者的原因没保护好现场,而出现无法认定责任大小与事故成因的情况,均由肇事者一方承担。此外,发生交通事故之后,应当由事故发生地的交警处理,肇事者想由其户籍所在地的警察处理的想法是没有法律依据的。

5. 出交通事故了，交通事故责任认定书何时出来？

案例

王某在去早市买菜的路上被一辆机动车撞倒，报警之后，交警到了现场，并对双方进行了相关询问。之后王某便被送往医院进行治疗。王某在医院接受四个月的治疗之后，被鉴定为七级伤残。为了维权，王某需要交警为其出具交通事故认定书，但并未如愿。直到该交通事故发生半年之后，交警才向双方出具交通事故认定书，判定双方负有同等责任。但此时肇事方早已下落不明，根本找不到人了。为此，王某认为是交警出具交通事故认定书的时间太长，才导致肇事者无迹可寻。交警出具交通事故认定书有期限吗？

解析

根据《道路交通事故处理程序规定》第四十七条的相关规定，公安机关交通管理部门应当自现场调查之日起十日内制作道路交通事故认定书。交通肇事逃逸案件在查获交通肇事车辆和驾驶人后十日内制作道路交通事故认定书。对需要进行检验、鉴定的，应当在检验、鉴定结论确定之日起五日内制作道路交通事故认定书。据此可知，本案并不存在交通肇事逃逸的情形，但交警部门半年之后才出具交通事故认定书，远远超出期限，应当承担相应的法律责任。

6. 遇见查酒驾的，可以拒绝检测吗？

案例

孙某酒后驾驶汽车突然遇到交警部门对过往车辆检测酒驾行为，孙某的车辆被拦了下来。由于喝了酒,孙某拒绝检测,并强行要将车开走。孙某有权拒绝检测吗?

解析

《道路交通安全违法行为处理程序规定》第三十三条规定,车辆驾驶人有下列情形之一的,应当对其检验体内酒精、国家管制的精神药品、麻醉药品含量:(1)对酒精呼气测试等方法测试的酒精含量结果有异议的;(2)涉嫌饮酒、醉酒驾驶车辆发生交通事故的;(3)涉嫌服用国家管制的精神药品、麻醉药品后驾驶车辆的;(4)拒绝配合酒精呼气测试等方法测试的。对酒后行为失控或者拒绝配合检验的,可以使用约束带或者警绳等约束性警械。据此可知,孙某具有酒驾行为,必须接受酒精检测,如果拒绝,交警可以采取相应的约束性措施。

7. 对交通事故处理有异议,该怎么办?

案例

某小学的学生李某在回家的路上发生了车祸,导致大腿骨折。在医院治疗几个月后,花去医药费数万元。在这起交通事故中,肇事方负全责,但双方在协商赔偿事宜之时,一直未达成协议。现在,李某的家长该怎么办?

解析

根据《道路交通安全法》第七十四条的相关规定,对交通事故损害赔偿的争议,当事人可以请求公安机关交通管理部门调解,也可以直接向人民法院提起民事诉讼。根据《中华人民共和国道路交通安全法实施条例》(以下简称《道路交通安全法实施条例》)第九十四条和第九十五条的相关规定,当事人对交通事故损害赔偿有争议,各方当事人一致请求公安机关交通管理部门调解的,应当在收到交通事故认定书之日起十日内提出书面调解申请。对交通事故致死的,调解从办理丧葬事宜结束之日起开始;对交通事故致伤的,调解从治疗终结或者定残之日起开始;对交通事故造成财产损失的,调解从确定损失之日起开始。公安机关交通管理部门调解交通事故损害赔偿争议的期限为十日。调解达成协议的,公安机关交通管理部门应当制作调解书送交各方当事人,调解书经各方当事人共同签字后生效;调解未达成协议的,公安机关交通管理部门应当制作调解终结书送交各方当事人。交通事故损害赔偿项目和标准依照有关法律的规定执行。据此可知,本案中的受害方可以通过申请交警部门进行调解,或者向人民法院提起诉讼的方式,解决此事。

8. 被车撞了之后,可以请他人代为参与调解吗?

案例

杨某是某学校的老师,寒假期间,由于学校有活动,原本已经放假的杨某只得加班。由于加班参与的活动并非在学校内举行,杨某只能自行前往活动举办地。某天因为下了雪,杨某非常小心地骑着自行车去加班,但还是出了车祸,对方全责,杨某事后被鉴定为八级伤残。双方均同意由交警部门主持调解工作,但现在杨某不方便行走,他可以请他人代为参与调解吗?

解析

根据《道路交通事故处理程序规定》第六十三条的规定,参加损害赔偿调解的人员包括:(1)道路交通事故当事人及其代理人;(2)道路交通事故车辆所有人或者管理人;(3)公安机关交通管理部门认为有必要参加的其他人员。委托代理人应当出具由委托人签名或者盖章的授权委托书。授权委托书应当载明委托事项和权限。参加调解时当事人一方不得超过三人。据此可知,杨某由于交通事故造成了身体不便的伤害,他可以委托第三人作为代理人参与调解工作,但应当以书面的形式注明委托权限。

9. 向警方举报车祸线索,可以获得奖励吗?

案例

某日,早上四点五十分,煎饼摊摊主孙某在和老伴聊天的时候,突然发现一辆急速行驶的小轿车,在闯红灯的时候,将一名通过人行横道的路人撞倒,发生交通事故之后,这辆车非但没有停下报警,反而开得更快了。事后,警方在走访调查的时候,孙某向警方提供了关键的线索,警方依据该线索成功地抓获了肇事嫌疑人。孙某能否获得奖励?

解析

《道路交通安全法》第七十一条规定,车辆发生交通事故后逃逸的,事故现场目击人员和其他知情人员应当向公安机关交通管理部门或者交通警察举报。举报属实的,公安机关交通管理部门应当给予奖励。本案中,孙某在警方调查的第一时间便向警方提供了能够直接破案的线索,警方应当给予孙某奖励。

10. 在车祸中负次要责任，该如何赔偿？

案例

冯某是一位出租车司机，一天他像往常一样，早上七点的时候，载着乘客行驶在公路上，由于这个时候无论是机动车还是行人的数量都比较多，所以冯某的注意力非常集中，但总有一些行人，不顾交通规则，为了图省事，经常在危险地段横穿公路。虽然冯某已经高度注意了，但还是在早上发生了交通事故，在划分责任的时候，违规的行人负主要责任，冯某负次要责任。冯某该如何承担赔偿责任？

解析

根据《道路交通安全法》第七十六条的规定，机动车与非机动车驾驶人、行人之间发生交通事故，非机动车驾驶人、行人没有过错的，由机动车一方承担赔偿责任；有证据证明非机动车驾驶人、行人有过错的，根据过错程度适当减轻机动车一方的赔偿责任；机动车一方没有过错的，承担不超过百分之十的赔偿责任。本案中，冯某在这起交通事故中承担次要责任，按照司法实践，次要责任一般需要承担事故比例的百分之三十到百分之四十的赔偿责任。

11. 骑自行车撞人，该如何赔偿？

案例

宋某骑自行车上班途中，将一位骑三轮车的老太太撞翻，导致老太太肋骨骨折。宋某想知道这起事故该如何处理？

解析

根据《道路交通安全法实施条例》第八十七条的规定，非机动车与非机动车或者行人在道路上发生交通事故，未造成人身伤亡，且基本事实及成因清楚的，当事人应当先撤离现场，再自行协商处理损害赔偿事宜。当事人对交通事故事实及成因有争议的，应当迅速报警。据此可知，本案中，宋某的肇事行为导致老太太肋骨骨折属于造成了人身伤亡，应当迅速报警，并保护好现场。

12. 车祸后，对方不履行调解协议，该怎么办？

案例

王某骑电动车驶过一个十字路口的时候，一辆图方便的机动车竟然突然转弯逆行，导致和王某相撞。后经过责任认定，机动车司机全责，双方在交警的主持下，达成调解协议。但事发一个多月之后，机动车司机迟迟不肯履行调解协议上的内容，并且找各种理由最后竟然说这事都怨王某，并明确表示他不想履行这份调解协议了。王某应该怎么办？

解析

根据《道路交通安全法》第七十四条的规定，发生交通事故之后，经公安机关交通管理部门调解，当事人未达成协议或者调解书生效后不履行的，当事人可以向人民法院提起民事诉讼。由此可知，当人们在现实生活中遇见这种背信弃义的肇事者，可以直接向人民法院提起民事诉讼，尽量避免陷入和对方无休止的“扯皮”中。

13. 车祸后,可以扣下肇事车辆吗?

案例

李某在一次跑长途的过程中,由于过于疲劳驾驶,将行人王某撞伤。在发生车祸的时候,王某的亲戚眼见李某的车辆将王某蹭倒在地,担心李某跑掉,便将李某的车辆扣下,在警方赶来之前,开走藏了起来,如果李某不赔偿王某的伤害损失,王某可以扣押李某的货车吗?

解析

根据《道路交通事故处理程序规定》第二十八条的规定,因收集证据的需要,公安机关交通管理部门可以扣留事故车辆及机动车行驶证,并开具行政强制措施凭证。扣留的车辆及机动车行驶证应当妥善保管。公安机关交通管理部门不得扣留事故车辆所载货物。对所载货物在核实重量、体积及货物损失后,通知机动车驾驶人或者货物所有人自行处理。无法通知当事人或者当事人不自行处理的,按照《公安机关办理行政案件程序规定》的有关规定办理。据此可知,除了交警部门可以扣车之外,他人无权扣车,本案中的王某亲属,应当将车辆移交给交警部门,如果拒绝移交,还可能受到治安管理处罚。

14. 被车撞了,肯定要由机动车一方承担全部责任吗?

案例

王某是一名退休职工,在横穿马路的时候,被一辆超速行驶机动车撞到。事后,在交警认定责任的时候,王某和机动车被认定为同等责任。王某认为自己虽然横穿了马路,但自己用身体面对机动车,属于弱势群体,因此他认为机动车应当负全责。

解析

根据《道路交通安全法》第六十二条的相关规定,行人通过路口或者横过道路,应当走人行横道或者过街设施;通过有交通信号灯的人行横道,应当按照交通信号灯指示通行;通过没有交通信号灯、人行横道的路口,或者在没有过街设施的路段横过道路,应当在确认安全后通过。根据《道路交通事故处理程序规定》第六十条的相关规定,因两方或者两方以上当事人的过错发生道路交通事故的,根据其行为对事故发生的作用以及过错的严重程度,分别承担主要责任、同等责任和次要责任。据此可知,虽然行人面对机动车是弱势群体,但也应当遵守交通规则,本案中王某违反交通规则横穿马路,最后发生交通事故,并被交警认定为同等责任,因此王某需要对自己的行为负责。

15. 发生连环撞车,责任该如何承担?

案例

刘某驾车回家过程中,机动车出现故障,他将汽车停在小型车的车道内。此时郭某驾驶着一辆未开启远光大灯的机动车朝着刘某机动车的方向疾驶过来了,因为正处于晚上,光线不好,加上郭某驾车时精神不集中,郭某的车辆撞在了刘某的车身上,刘某在躲闪的时候被撞伤。而在郭某的后面,张某驾驶着机动车也未开远光大灯,来不及躲闪,撞到了郭某的机动车尾部,最终三辆机动车发生了连环撞车事故。此案中,该如何认定责任?

解析

机动车在道路上发生故障或者发生交通事故,妨碍交通又难以移动的,应当按照规定开启危险报警闪光灯并在车后五十米至一百米处设置警示标志,夜间还应当同时开启示廓灯和后位灯。据此可知,本案中,刘某在出现车辆故障后,原本可以将车移动到不妨碍交通的地方,但却继续将故障车辆停在机动车车道内,违反了上述规定,造成了交通安全方面的隐患,阻碍了畅通的交通秩序,虽然刘某在此起交通事故也受到了伤害,但正是刘某的违反交通法规的行为造成此起交通事故,因此他的过错行为是该起交通事故的决定性因素,在此起事故中负有主要责任。郭某在驾驶机动车过程中并未按照规定开启远光大灯,且在行车过程中精神不集中,未能及时发现危险,属于未履行注意义务。张某也同样存在不开远光大灯、精神不集中等违法行为,但郭、张二人的违法行为并非决定性原因,与刘某的违法行为相比处于次要地位,所以郭、张二人应当负次要责任。

16. 大雾致交通事故,该怎么办?

案例

周某和吴某合伙跑长途,当车辆行驶至南方某市境内之时,突然遇上百年不遇的大雾天气,在车辆雾灯失效的情况下,路面的能见度极低,吴某建议将车靠边,等雾散了再走,周某却对吴某说:"你怎么这么磨磨唧唧的,咱们时间很紧,这么大的雾天,路上没几个人的。"于是就在这种情况下,车辆继续向前行驶,当车辆又行驶到一条尚未划分机动车道和非机动车道的公路上时,悲剧发生了,周某驾驶的车辆撞上一辆农用三轮车,导致农用三轮车驾驶人重伤。周某认为,之所以发生交通事故,是当地恶劣的天气原因造成的,他可以免责。这种看法成立吗?

解析

根据《民法总则》第一百八十条的规定,因不可抗力不能履行民事义务的,不承担民事责任。法律另有规定的,依照其规定。不可抗力是指不能预见、不能避免且不能克服的客观情况。据此可知,本案中虽然遇见了大雾天气,但机动车驾驶人周某明知车辆雾灯在故障无法使用的情况下,继续上路,且旁边的吴某也提示过周某,如果不修雾灯,会出现危险。这说明周某能够预见到因雾灯故障可能导致的交通事故危险,因此,本案中出现的交通事故,不能以天气原因免责。

17. 不服交警对车祸的认定,该怎么办?

案例

郭某开车行驶在上班的路上,忽然看见前方一百米处有人招手拦车,由于此时已是年关,郭某经常看法律节目,知道此时最容易出现侵财案件,担心遇到打劫的,就不准备停车。但他为了驾驶安全,在快靠近这名男子之时,他降低了车速,这名男子看见郭某车速降低了,便上前要求其停车,郭某本来就不打算停车,他就打了一下方向盘,准备避过此人。但此人看见郭某躲着自己,便故意上前跟着郭某躲避的方向,左右拦截,郭某最终躲避不及,将此人撞成重伤。事后交警通过现场勘察,认定次事故中郭某负主要责任。郭某觉得很冤,对交警的交通事故认定书不服该怎么办?

解析

根据《道路交通安全法》第七十三条的规定,公安机关交通管理部门应当根据交通事故现场勘验、检查、调查情况和有关的检验、鉴定结论，及时制作交通事故认定书，作为处理交通事故的证据。交通事故认定书应当载明交通事故的基本事实、成因和当事人的责任，并送达当事人。据此可知，交通事故认定书，只是一种证据，如果当事人不服认定，可以走复议的救济途径，但请注意，对此认定不能提起行政诉讼。

18.肇事者跑了，肇事车上了保险，该怎么办？

案例

郑某在超市外的马路上，被一辆小轿车撞折小腿骨，最令他生气的是，肇事者竟然弃车逃逸。肇事者逃逸可能面临着无法赔偿的问题。不过幸运的是，这辆肇事车已经上了第三者强制责任险，但问题是，现在肇事者跑了，这起事故被交警部门认定为肇事逃逸司机全责，郑某可以直接起诉相关的保险公司索赔吗？

解析

根据《道路交通安全法》第七十五条的规定，医疗机构对交通事故中的受伤人员应当及时抢救，不得因抢救费用未及时支付而拖延救治。肇事车辆参加机动车第三者责任强制保险的，由保险公司在责任限额范围内支付抢救费用；抢救费用超过责任限额的，未参加机动车第三者责任强制保险或者肇事后逃逸的，由道路交通事故社会救助基金先行垫付部分或者全部抢救费用，道路交通事故社会救助基金管理机构有权向交通事故责任人追偿。据此可知，本案中的郑某可以直接起诉相关保险公司，保险公司应当在责任限额内支付郑某因交通事故所产生的救治费用。

19. 购买报废车,发生交通事故该怎么办?

案例

高某开着已经达到报废年限的汽车,在山间公路上行驶的时候,刹车和方向盘突然失灵,撞上一辆对面开过来的面包车。后经过交警鉴定,高某负全责。高某该怎么办?

解析

根据《道路交通安全法》第十二条的规定,有下列情形之一的,应当办理相应的登记:(1)机动车所有权发生转移的;(2)机动车登记内容变更的;(3)机动车用作抵押的;(4)机动车报废的。《道路交通安全法实施条例》第七条规定,已注册登记的机动车所有权发生转移的,应当及时办理转移登记。根据《道路交通安全法》第十四条的规定,国家实行机动车强制报废制度,根据机动车的安全技术状况和不同用途,规定不同的报废标准。应当报废的机动车必须及时办理注销登记。达到报废标准的机动车不得上道路行驶。报废的大型客、货车及其他营运车辆应当在公安机关交通管理部门的监督下解体。根据《侵权责任法》第五十条、第五十一条的规定,当事人之间已经以买卖等方式转让并交付机动车但未办理所有权转移登记,发生交通事故后属于该机动车一方责任的,由保险公司在机动车强制保险责任限额范围内予以赔偿。不足部分,由受让人承担赔偿责任。以买卖等方式转让拼装或者已达到报废标准的机动车,发生交通事故造成损害的,由转让人和受让人承担连带责任。

20. 车祸致人死亡，该如何计算抚养费？

案例

李某夜间驾车行驶到一处偏僻路段之时，忽然冲出一辆大货车，致使两车发生交通事故，导致驾驶员李某死亡。后经过交警勘察，认为两车均未履行减速慢行和注意观察的义务，因此均有过错。但李某的车辆有优先通行权，因此大货车司机负主要责任，李某承担次要责任。李某是孤儿，只有妻子和一个刚满周岁的女儿，本案抚养费如何计算？

解析

根据《民法通则》第一百一十九条的规定，侵害公民身体造成伤害的，应当赔偿医疗费、因误工减少的收入、残废者生活补助费等费用；造成死亡的，并应当支付丧葬费、死者生前扶养的人必要的生活费等费用。根据最高人民法院《关于审理人身损害赔偿案件适用法律若干问题的解释》第二十八条的规定，被扶养人生活费根据扶养人丧失劳动能力程度，按照受诉法院所在地上一年度城镇居民人均消费性支出和农村居民人均年生活消费支出标准计算。被扶养人为未成年人的，计算至十八周岁；被扶养人无劳动能力又无其他生活来源的，计算二十年。但六十周岁以上的，年龄每增加一岁减少一年；七十五周岁以上的，按五年计算。被扶养人是指受害人依法应当承担扶养义务的未成年人或者丧失劳动能力又无其他生活来源的成年近亲属。被扶养人还有其他扶养人的，赔偿义务人只赔偿受害人依法应当负担的部分。被扶养人有数人的，年赔偿总额累计不超过上一年度城镇居民人均消费性支出额或者农村居民人均年生活消费支出额。

本案中，李某女儿是仅一周岁的未成年人，肇事司机应当支付抚养费到十八岁成年为止，具体金额要结合当地支付标准计算。

21. 车祸致人受伤,该如何计算护理费?

案例

杨某最近被公司"炒了鱿鱼"非常烦恼,无处泄愤的他开着车漫无目的地行驶,并没有发觉此时他的车速是越来越快,悲剧的发生往往在这种不经意之间,当杨某的思绪从气愤中缓过神的时候,车已经撞上了一个路边的水果摊,造成水果摊摊主王某重伤。经过交警勘察,认定杨某全责,王某无责。关于护理费的问题该如何认定?

解析

根据最高人民法院《关于审理人身损害赔偿案件适用法律若干问题的解释》第二十一条的规定,护理费根据护理人员的收入状况和护理人数、护理期限确定。护理人员有收入的,参照误工费的规定计算;护理人员没有收入或者雇佣护工的,参照当地护工从事同等级别护理的劳务报酬标准计算。护理人员原则上为一人,但医疗机构或者鉴定机构有明确意见的,可以参照确定护理人员人数。护理期限应计算至受害人恢复生活自理能力时止。受害人因残疾不能恢复生活自理能力的,可以根据其年龄、健康状况等因素确定合理的护理期限,但最长不超过二十年。受害人定残后的护理,应当根据其护理依赖程度并结合配制残疾辅助器具的情况确定护理级别。

22. 车祸致人死亡，该如何计算死亡赔偿金？

案例

下岗职工李某骑自行车前往应聘地点，在行至某县城一路口处时，遭遇一辆逆向行驶的机动车，被该机动车撞致重伤，后送医院抢救无效死亡。家里的顶梁柱突然去世，致使家境本来就贫寒的李某一家，更是雪上加霜。李某的死亡赔偿金该如何计算。

解析

根据最高人民法院《关于审理人身损害赔偿案件适用法律若干问题的解释》第二十九条的规定，死亡赔偿金按照受诉法院所在地上一年度城镇居民人均可支配收入或者农村居民人均纯收入标准，按二十年计算。但六十周岁以上的，年龄每增加一岁减少一年；七十五周岁以上的，按五年计算。死亡赔偿金指的是因交通事故死亡，由交通事故责任人按照法定标准给予死者家属一定数额的金钱赔偿。由于在交通事故中，受害人的死亡给其家属以及亲人带来了精神上和物质上的双重巨大打击，是对他人利益的一种严重侵权，理应给予赔偿。

23. 车祸的诉讼时效是如何规定的？

案例

刘某和孙某两家是多年的老邻居，某天刘某家大儿子跑运输的过程中，由于疲劳驾驶，竟然将回家过年的孙某儿子撞伤。事后交警认定刘某大儿子在这起交通事故中负全责。由于两家关系一直不错，所以孙某也没好意思跟刘某大儿子要治疗费等费用。但一年多过去了，虽然孙某儿子的骨折已经治愈，但刘某大儿子一直对治疗费等费用只字不提，并且刘某也未对此事给个说法，这让孙某很生气；但事情已过去了一年多，孙家还能维权吗？

解析

根据《民法总则》第一百八十八条第一款的规定，向人民法院请求保护民事权利的诉讼时效期间为三年。法律另有规定的，依照其规定。由此可知，本案中孙家赔偿请求权未超过诉讼时效，仍有权提起诉讼请求刘家支付相关赔偿。

（八）借贷担保篇

1. 有人把房子抵押给我，借走了40万元，最后应该怎样偿还？

案例

李某和赵某、宋某、叶某是战友，李某和赵某、宋某复员后都被分配到了机关工作，只有叶某开了公司，自己当老板做生意。几个战友关系一直很好。一年前，叶某曾在一次聚会中，提起自己的事业遇到了“瓶颈”，需要筹款120万元，宋某和赵某二话没说，每人拿出40万元，痛痛快快地借给了叶某，李某则提出借给叶某40万元可以，但叶某得拿房子进行抵押。叶某便和李某一起去办理了抵押登记手续，李某在银行以转账的形式将40万元转到了叶某的账户上。一年后，叶某的生意继续出现滑坡，无力还款，只得将房屋变卖还钱。现在叶某的房子卖了90万元，不够偿还120万元债务。李某三人该如何受偿？

解析

根据《物权法》第一百七十条的规定，担保物权人在债务人不履行到期债务或者发生当事人约定的实现担保物权的情形，依法享有就担保财产优先受偿的权利，但法律另有规定的除外。据此可知本案中，李某的40万元是有抵押担保物权的，虽然现在抵押的房屋只卖了90万元钱，但叶某应从这90万元卖房款中先拿出40万元偿还给李某，剩下的50万元，在赵某和宋某之间进行平分。因此，建议读者，在民间借贷经济往来中，涉及大额金钱的，一定要做好抵押登记，避免将来“无钱可要”。

2. 准备继承的遗产,能否拿出去抵押?

案例

王某的父亲于半年前去世了,留下了一套位于市区的住宅。由于和三个姐姐一直不和,关于这套房产的分配,一直有争议。就在双方闹得不可开交的时候,王某的生意出了问题,急需一笔资金注入,他打算拿父亲的这套房产做抵押,向银行申请贷款,但不知道是否可行。

解析

根据《物权法》第一百八十四条的规定,所有权、使用权不明或者有争议的财产,不得进行抵押。据此可知,本案中争议的房产,是一套还未进行分割的遗产,四个子女作为法定继承人,均有继承的权利,王某无权擅自将该房产进行抵押。由于存在纠纷的遗产,往往是所有权不确定的,为了保障物权的安全,法律禁止对此种类型的财产设定抵押。

3. 可以用半成品的设备抵押借款吗?

案例

李某有家以制造设备为主的科技有限公司,现在李某为了扩大经营规模,准备向某银行申请贷款,打算以机床和半成品进行抵押,他知道机床设备进行抵押应该没问题,但对半成品是否能够抵押有些拿不准。

解析

根据《物权法》第一百八十条的规定,生产设备、原材料、半成品、产品可以设定抵押。法律之所以这样规定,是因为在现实的经济生活中,很多企业都需资金周转,而手里的半成品往往可以成为“救命稻草”。据此可知,李某可以用机床等生产设备以及制造出来的半成品进行抵押设定。

4. 抵押可以是口头的吗?

案例

孙某有个老同学高某,最近手头紧从孙某处借走30万元,用于做生意。由于当年高某曾经帮过自己,所以孙某也就痛快地答应了高某的借款请求,高某也给孙某打了一张欠条,并约定一年后连本带利还款。某天,孙某在看报纸的时候,才知道原来借钱是可以进行抵押的,但迫于朋友关系,并且钱已经借出去了,再谈抵押的事,总觉得面子上挂不住,并且人家也不一定乐意再跟自己签订抵押合同。孙某的妻子却说,现在电话可以录音,你就打电话跟高某说抵押的事情,他如果从电话里同意抵押不就行了?虽然孙某觉得妻子这招不错,但他总觉得只是打个电话就把抵押的事办了,还是不怎么靠谱。

解析

根据《物权法》第一百八十五条的规定,设立抵押权,当事人应当采取书面形式订立抵押合同。据此可知,孙某妻子的想法是不可取的,在法律上要求抵押必须通过书面形式设定,口头协议无效。

5. 抵押合同都包括什么具体内容?

案例

对于朋友借钱,孙某和妻子达成一个统一的意见:“以后借钱可以,但必须走抵押手续。”文化程度并不高的孙某虽然同意了妻子的建议,但对抵押协议的内容几乎是一无所知,那么抵押合同到底包括什么内容呢?

解析

根据《物权法》第一百八十五条的规定,通常来讲,抵押合同一般包括如下内容:

(1)被担保债权的种类和数额;

(2)债务人履行债务的期限;

(3)所涉抵押财产的名称、数量、种类、质量、状况、所在地、所有权或者使用权的归属;

(4)担保的范围。

6. 抵押房产必须进行登记吗?

案例

郭某夫妇打算承包某学校的食堂,由于资金不足便动了抵押房产借钱的念头。郭某想知道抵押房产必须进行登记吗?

解析

根据《物权法》第一百八十条和第一百八十七条的规定,以建筑物和其他土地附着物进行抵押的,应当办理抵押登记,抵押权自登记时设立。抵押登记的意义在于公示,从而保障交易的安全。据此可知,本案中郭某夫妇如果将房产抵押出去,是必须办理抵押登记的,否则抵押不成立。

7. 当抵押权遇上债权转让,该怎么办?

案例

陈某曾经将20万元钱借给周某做生意,周某拿自己的一辆奥迪轿车进行抵押。双方约定借款期限为一年。由于陈某也是生意人,在一次朋友聚会上,结识了电影投资人赵某,赵某向陈某许诺只要陈某肯投资20万元,就能给他在电影中弄一个广告位,陈某公司的名字就能出现在该部电影中。陈某告诉赵某,自己对周某有一笔即将到期的20万元债权,赵某得知这笔债权有一辆奥迪轿车作为担保,便同意陈某用20万元债权入股投资电影。但现在有个问题摆在赵某面前,虽然这笔债权可以转让给自己,但抵押权何去何从呢?

解析

根据《物权法》第一百九十二条的规定,抵押权不得与债权分离而单独转让或者作为其他债权的担保。债权转让的,担保该债权的抵押权一并转让,但法律另有规定或者当事人另有约定的除外。抵押权是担保物权的一种,抵押权是为担保债权而存在的,如果没有债权了,那么担保物权也就没有存在的意义了,因此如果转让债权,必须连同抵押权一并转让。据此可知,本案中陈某应将20万元的债权连同抵押权一并转让给电影投资人赵某。

8. 欠债还钱的时候,可以变更优先受偿顺序吗?

案例

孙某经营了一家蛋糕店,开分店需要筹集资金,孙某先后向赵某借款10万元,跟郭某借款15万元,又向张某借款11万元。为了保障他们债权的实现,先后用自己的一辆宝马轿车抵押给三人,按照抵押手续的时间,赵某排在郭某前面,郭某又排在张某前面。一年后,三笔债务均快要到期,由于孙某和张某是发小,所以孙某私底下就告诉张某:“我这辆宝马车现在卖二手的话,能卖18万元钱,咱俩关系好,我先把欠你的11万元钱还上,剩下的7万元钱,再让赵某和郭某分去。”抵押权的优先受偿顺序可以随意变更吗?

解析

根据《物权法》第一百九十四条的规定,抵押权人可以放弃抵押权或者抵押权的顺位。抵押权人与抵押人可以协议变更抵押权顺位以及被担保的债权数额等内容,但抵押权的变更,未经其他抵押权人书面同意,不得对其他抵押权人产生不利影响。债务人以自己的财产设定抵押,抵押权人放弃该抵押权、抵押权顺位或者变更抵押权的,其他担保人在抵押权人丧失优先受偿权益的范围内免除担保责任,但其他担保人承诺仍然提供担保的除外。在本案中,如果孙某想变更抵押权受偿的顺位的话,必须经过在先顺位的赵某和郭某同意,未经他二人同意的,变更顺位无效。

9. 因赌博设定的抵押是否有效？

案例

陈某和刘某是小学同学，某天，刘某告诉陈某，自己把别人给撞了，只要能筹到15万元，对方就能私了，自己也可以避免牢狱之灾。但此时的陈某，手里能流动的现金，都用于生意上了，所以一时半会儿也拿不出钱来。刘某说，他可以另外找人借，但需要担保，所以希望陈某将自己的凯迪拉克轿车拿出来抵押，帮自己渡过难关。陈某见刘某说得可怜，便动了恻隐之心，答应了刘某的请求。事后，陈某为刘某向赵某所借款项15万元提供担保，将自己的轿车拿出来抵押。但没过多久，陈某得知刘某并没有出什么交通事故，那所谓的15万元钱是赌债。为此，陈某还专门找到赵某，要求撤销抵押。但赵某并没有同意。这项抵押是否有效？

解析

根据《物权法》第一百七十二条的规定，设立担保物权，应当依照本法和其他法律的规定订立担保合同。担保合同是主债权债务合同的从合同。主债权债务合同无效，担保合同无效，但法律另有规定的除外。担保合同被确认无效后，债务人、担保人、债权人有过错的，应当根据其过错各自承担相应的民事责任。赌博属于恶债，在我国是不受法律保护的，基于赌博之债产生的抵押合同，当然也是无效的。因此陈某在本案中无须对这15万元承担任何责任。

10. 抵押中的房子被烧毁了,该怎么办?

案例

周某有一家公司,打算向刘某借钱,扩大经营规模。刘某答应借款给周某,但要求周某用房产抵押。后经双方协商,刘某借给周某60万元,周某拿某街边的门面房抵押,并办完了抵押手续,借款期限为一年。但在借款期限持续到半年的时候,抵押的门面房因失火,被全部烧毁,所幸的是,这套街边的门面房失火前,已经投过保险。刘某的抵押权该如何实现?

解析

根据《物权法》第一百七十四条的规定,担保期间,担保财产毁损、灭失或者被征收等,担保物权人可以就获得的保险金、赔偿金或者补偿金等优先受偿。被担保债权的履行期未届满的,也可以提存该保险金、赔偿金或者补偿金等。最高人民法院《关于适用〈中华人民共和国担保法〉若干问题的解释》第八十条规定,在抵押物灭失、毁损或者被征用的情况下,抵押权人可以就该抵押物的保险金、赔偿金或者补偿金优先受偿。抵押物灭失、毁损或者被征用的情况下,抵押权所担保的债权未届清偿期的,抵押权人可以请求人民法院对保险金、赔偿金或补偿金等采取保全措施。据此可知,在本案中,虽然还款期限没到,但在抵押物灭失毁损的情况下,可以将涉案的保险金进行提存,以备将来受偿。

11. 当担保遇上债务转让，该怎么办？

案例

王某和赵某曾经在一起当过兵，复员后，王某和赵某又都分配到同一家单位工作。2015年的时候，赵某告诉王某，自己准备辞职，出去闯荡闯荡，和别人开公司，但手里资金不够，希望王某能给自己提供担保，自己好跟别人去借钱。王某认为自己只是提供担保，并不需要出钱，就答应了。之后赵某从孙某处借款40万元，由王某出面提供担保，将自己的房子抵押给孙某。三个月之后，王某听说，赵某经过孙某同意，已经在半个月前就将这40万元债务转让给了高某。王某根本不认识高某是何人，便认为既然不认识高某是谁，我就没义务继续为这笔40万元借款提供担保了吧？所以找到孙某，商量解除担保的事情，但孙某并不同意解除担保。王某还要承担担保责任吗？

解析

根据《物权法》第一百七十五条的规定，第三人提供担保，未经其书面同意，债权人允许债务人转移全部或者部分债务的，担保人不再承担相应的担保责任。据此可知，孙某作为债权人在未经过担保人王某同意的情况下，擅自允许赵某转让债务，王某没义务继续为这笔债务提供担保，将来如果发生不能受偿的情形，王某不再承担担保责任。

12. 出租的房子拿去抵押，租金到底归谁？

案例

刘某在某市东三环附近购买了一套三居室，并将此房出租给张某，张某按月支付租金6000元。刘某在房子租出去的第三个月,又跟银行借款80万元,并将这套已经出租出去的价值300万元的房产抵押给了银行。银行的人认为,这套房子既然已经租出去了,那么租金理应属于银行。银行的说法正确吗?

解析

根据《担保法》第四十八条的规定,抵押人将已出租的财产抵押的,应当书面告知承租人,原租赁合同继续有效。据此可知,本案中刘某将已经出租出去的房子抵押给银行后,租赁合同继续有效,租金当然还是由刘某收取和所有,与银行无关。

13. 如果欠债不还,抵押物可以直接抵债吗?

案例

沈某最近比较烦,经常有人管他借钱,他于是想了个办法,如果再有人跟他借钱,就直接在担保合同中写上,到期如果不还钱,直接拿担保物抵债。简单省事,方便高效。但他不知道这在法律上是否行得通。

解析

根据《物权法》第一百八十六条的规定,抵押权人在债务履行期届满前,不得与抵押人约定债务人不履行到期债务时抵押财产归债权人所有。订立抵押合同时,抵押权人和抵押人在合同中不得约定在债务履行期届满抵押权人未受清偿时,抵押物的所有权转移为债权人所有。据此可知,沈某的想法只能说一厢情愿了,法律禁止直接将抵押物进行抵债。

14. 借钱的利息，一般怎样约定才合法？

案例

李某准备买一套二手房，由于资金不足，便从一个做生意的哥们那借到了10万元，但双方约定，10万元的利息按月计算，起步利息是借款总额的百分之三十，自第二个月开始每过一个月利息增加百分之二。由于当时李某急需这10万元付首付，所以不假思索地和对方达成了借款协议，现在回过头来想，这利息实在太高了，简直是“高利贷”。这样的借款协议合法吗？

解析

根据《合同法》第二百一十一条以及最高人民法院《关于审理民间借贷案件适用法律若干问题的规定》第二十六条的规定，自然人之间的借款合同约定支付利息的，借款的利率不得违反国家有关限制借款利率的规定。借贷双方约定的利率未超过年利率百分之二十四，出借人请求借款人按照约定的利率支付利息的，人民法院应予支持。借贷双方约定的利率超过年利率百分之三十六，超过部分的利息约定无效。借款人请求出借人返还已支付的超过年利率百分之三十六部分的利息的，人民法院应予支持。本案中，借款协议约定的超出年利率百分之三十六的部分无效。

15. 他人能以未成年人的名义借钱吗？

案例

小学生王某身世坎坷，自幼父母双亡，一直由哥哥抚养，哥哥娶妻高某之时,王某刚上小学二年级,平日里被嫂子视为只会浪费粮食的多余之人。最近王某哥哥家准备翻盖房屋,需要向亲戚借款2万元,高某便以要给王某交学费为由,以王某的名义借款,并命令王某在借条上签上了自己的名字。高某的做法合法吗?

解析

根据《民法总则》第十九条、第二十条的规定,八周岁以上的未成年人为限制民事行为能力人,实施民事法律行为由其法定代理人代理或者经其法定代理人同意、追认,但是可以独立实施纯获利益的民事法律行为或者与其年龄、智力相适应的民事法律行为。不满八周岁的未成年人为无民事行为能力人,由其法定代理人代理实施民事法律行为。

限制民事行为能力人订立的合同,经法定代理人追认后,该合同有效但纯获利益的合同或者与其年龄、智力、精神健康状况相适应而订立的合同,不必经法定代理人追认。相对人可以催告法定代理人在一个月内予以追认。法定代理人未作表示的,视为拒绝追认。合同被追认之前,善意相对人有撤销的权利。撤销应当以通知的方式作出。基于此,如果他人以未成年人的名义进行大额借贷,是无效的。高某打算以王某名义借钱,自己逃避还款责任,也是不可行的。

16. 欠条的名字写错了,该怎么办?

案例

王某从宋某某处借款5万元,并出具借条,半年后,宋某某由于生意吃紧,急需现金周转,便向王某索要5万元借款,王某便以各种借口拖延。宋某某眼见要钱无望,便将王某诉至当地人民法院。现在有个问题出现在宋某某面前,虽然银行转账记录上面显示,从宋某某的银行账户上转账给王某5万元,但借条上写的却是王某从宋某某处借款5万元,而宋某某的身份证上面的名字却是宋某,少了一个“某”,这让王某看到了赖账的机会,王某能赖得过去吗?

解析

根据《合同法》第二百零六条的规定,借款人应当按照约定的期限返还借款。对借款期限没有约定或者约定不明确,依照《合同法》第六十一条的规定仍不能确定的,借款人可以随时返还;贷款人可以催告借款人在合理期限内返还。根据《民诉解释》第九十条的相关规定,当事人对自己提出的诉讼请求所依据的事实或者反驳对方诉讼请求所依据的事实,应当提供证据加以证明,但法律另有规定的除外。在作出判决前,当事人未能提供证据或者证据不足以证明其事实主张的,由负有举证责任的当事人承担不利后果。基于此,只要借贷关系存在,即使名字写错了,债务人也应当还钱。

17. 借钱的时候,“利滚利”合法吗?

案例

郭某是个个体户,经营着一家饭店,想要加盟连锁酒店,但由于加盟费用不菲,手里的资金还差三分之一,于是便向加盟介绍人刘某借款50万元,借款两年。并约定利息的年利率为百分之二十,每年的12月5日为利息支付日。如果郭某到期不能支付利息,便将利息直接并入本金。刘某的要求合法吗?

解析

根据《民通意见》第一百二十五条的规定,公民之间的借贷,出借人将利息计入本金计算复利的,不予保护;在借款时将利息扣除的,应当按实际出借款数计息。由此可知,本案中刘某提出的利息并入本金的要求不合法。

18. 借钱的时候,忘记约定利息支付时间了,该怎么办?

案例

叶某十八岁的时候,在住处附近租了一个小门面搞起了服装生意。叶某的同学孙某看见服装生意如此红火,也想租一家小门面,干服装的买卖,但手头没什么钱,便找叶某借钱。叶某借给孙某5万元,借期两年,利息按银行利率。两年的时间一晃而过,孙某只将本金5万元还给叶某,并声称利息也没约定什么时候还,等自己有钱的时候再还。叶某认为孙某太不讲理,那么,叶某的利息还要得回来吗?

解析

根据《合同法》第二百零五条的规定,借款人应当按照约定的期限支付利息。对支付利息的期限没有约定或者约定不明确,依照《合同法》第六十一条的规定仍不能确定,借款期间不满一年的,应当在返还借款时一并支付;借款期间一年以上的,应当在每届满一年时支付,剩余期间不满一年的,应当在返还借款时一并支付。本案中,未约定利息支付时间,孙某应按上述法律规定向叶某支付利息。

19. 当借钱遇上不还钱的,利息该怎么计算?

案例

郭某借给侄子5万元,约定一年半之后归还,但并未约定利息。郭某侄子后来利用这5万元,在集贸市场上租了个水果摊,通过一年多起早贪黑的经营,收益可观。郭某原本打算到期后,向侄子讨回欠款,却遭到了侄子的无理拖延,一直到两年半的时候,郭某已经多次向侄子讨要欠款,可侄子就是以各种理由拒绝还款。郭某可以向侄子要求利息吗?

解析

根据《合同法》第二百零七条的规定,借款人未按照约定的期限返还借款的,应当按照约定或者国家有关规定支付逾期利息。《民通意见》第一百二十三条规定,公民之间的无息借款,有约定偿还期限而借款人不按期偿还,或者未约定偿还期限但经出借人催告后,借款人仍不偿还的,出借人要求借款人偿付逾期利息,应当予以准许。由此可知,郭某可以向侄子要求偿付逾期利息。

20. 欠债人死亡,"父债子偿"的说法成立吗?

案例

华某是某村的村民,早年丧偶,一直和自己的儿子相依为命。华某为开汽车修理厂,分别找到同村村民王某、高某、李某借款,总共借到15万元,并约定一年之后还款,还款时支付相应的利息。汽修厂开业后,华某在一次作业中发生意外,经抢救无效死亡。华某死后,汽修厂濒临倒闭,债权人王某、高某、李某眼看自己的钱要打水漂,就找到华某的儿子小华,让他还钱。小华表示自己只是个高中生,无收入来源,所以没钱可还。但三个债权人却认为,“父债子还”天经地义。王某等人的说法合法吗?

解析

根据《中华人民共和国继承法》第三十三条的规定,继承遗产应当清偿被继承人依法应当缴纳的税款和债务,缴纳税款和清偿债务以他的遗产实际价值为限。超过遗产实际价值部分,继承人自愿偿还的不在此限。继承人放弃继承的,对被继承人依法应当缴纳的税款和债务可以不负偿还责任。由此可知,小华仅在其继承的华某的遗产实际价值限额内偿还债务,且小华是未成年人,在从遗产中偿还债务时,还需保留小华必要的生活费用。

21. 借款合同,应当包括什么内容呢?

案例

李某想买一套学区房,经过数次选房,李某和房主达成了协议,以390万元的价格成交。为筹借首付,李某找到朋友王某借钱,由于李某曾经帮过王某,因此王某也不好意思拒绝李某借钱买房的请求。王某想和李某签借款合同,但不知借款合同应当包括哪些内容?

解析

根据《合同法》第一百九十七条的规定,借款合同采用书面形式,但自然人之间借款另有约定的除外。借款合同的内容包括借款种类、币种、用途、数额、利率、期限和还款方式等条款。据此可知,法律建议民间借贷当事人之间在借款的时候,采用书面的形式,在合同的内容上,要写清楚借款的种类、币种、用途等内容,以备将来出现借款纠纷之时,用作证据使用。当然在现实生活中,很多人熟人之间借款更多地采用口头形式,但这样做就会给出借人一方带来相当大的法律风险,没有借条,随随便便地就将钱财借给他人,一旦对方“耍赖”,在既没借条也没有银行转账记录的情况下,出借人将会承担举证不能的败诉风险。

22. 把养老钱借给了某企业,借条被认定无效,该怎么办?

案例

孙某成立了一家新公司,孙某认识的很多老职工都把钱以高于银行的利息借给了该公司,该公司也分别向这些职工打了欠条,盖了公章,还约定了利息以及还款的时间。一年后,很多职工的欠条都已经到期了,三三两两地结伴来到孙某的企业索要欠款和利息。迎接他们却是各种推诿和说辞,要钱肯定没有,要不继续等,要不去法院起诉。并且孙某还放出狠话来:“你们要是想起诉也可以,不过这案子一到法院肯定被认定无效,到时候你们连本带利都别想要回来!”这让很多老职工一时慌了手脚,不知道该怎么办。

解析

根据《合同法》第五十八条的规定,合同无效或者被撤销后,因该合同取得的财产,应当予以返还;不能返还或者没有必要返还的,应当折价补偿。有过错的一方应当赔偿对方因此所受到的损失,双方都有过错的,应当各自承担相应的责任。根据《非法金融机构和非法金融业务活动取缔办法》第四条的规定,本办法所称非法金融业务活动,是指未经中国人民银行批准,擅自从事的下列活动:(1)非法吸收公众存款或者变相吸收公众存款;(2)未经依法批准,以任何名义向社会不特定对象进行的非法集资;(3)非法发放贷款、办理结算、票据贴现、资金拆借、信托投资、金融租赁、融资担保、外汇买卖;(4)中国人民银行认定的其他非法金融业务活动。前款所称非法吸收公众存款,是指未经中国人民银行批准,向社会不特定对象吸收资金,出具凭证,承诺在一定期限内还本付息的活动;所称变相吸收公众存款,是指未经中国人民银行批准,不以吸收公众存款的名义,向社会不特定对象吸收资金,但承诺履行的义务与吸收公众存款性质相同的活动。据此可知,本案中孙某创办的企业在进行非法金融业务活动,属于无效且违法行为,就算将来诉至法院,被法院认定为无效后,老职工的辛苦钱也不会被打水漂,该公司也应当承担连本带息的返还责任。

23. 合伙做买卖期间产生的债务,该怎么偿还?

案例

金某是刑满释放人员,为了改过自新,找到曾经在某再生资源服务公司工作的高某,打算合伙成立一家再生资源回收服务站,为周边近八家社区的居民提供再生资源回收服务,两人经过商量,每人出资75万元。但金某资金有限,先向高某借款25万元(金某出具借条载明该借款由金某向高某所借,约定两年后偿还本金和利息),加上手头的50万元,共计75万元,投入到该合伙企业中。起初的时候,该合伙企业运营正常,金某也非常有干劲,但好景不长,金某以前的狱友找到金某,金某至此又开始自甘堕落,将重新做人的理想抛之脑后。两年过后,该合伙企业名为合伙,实际上都是由高某一个人在打理,高某担心自己的25万元打了水漂,既然欠款已经到期,便找到金某索要欠款。金某却以这是合伙期间产生的债务,应当算合伙企业的债务,与自己无关为由拒绝还钱。

解析

根据《合同法》第一百九十六条的规定，借款合同是借款人向贷款人借款，到期返还借款并支付利息的合同。《民法通则》第三十条规定，个人合伙是指两个以上公民按照协议，各自提供资金、实物、技术等，合伙经营、共同劳动。在合伙企业中，合伙人之间进行借贷并出具借条，即便是借款被用于合伙经营事务的，也不会影响民间借贷关系的成立。据此可知，在本案中，金某向合伙人高某借款25万元，用于合伙经营，同时出具借条，载明了借款的用途、具体金额、利息，以及还款的时间，足以认定是普通的民间借贷关系，金某也应当按照借条的约定，按时向高某还钱，并支付利息。

编　后　语

2016年3月25日,中共中央、国务院印发了《中共中央、国务院转发〈中央宣传部、司法部关于在公民中开展法治宣传教育的第七个五年规划(2016—2020年)〉的通知》(中发[2016]11号)。4月28日,第十二届全国人大常委会第二十次会议通过了《全国人大常委会关于开展第七个五年法治宣传教育的决议》,"七五"普法工作全面展开。

"七五"普法规划明确提出:"建设社会主义法治文化,推进法治宣传教育与法治实践相结合,健全普法宣传教育机制。"为全面贯彻落实党的十八大和十九大精神,深入学习贯彻习近平总书记系列重要讲话精神和对法治宣传教育工作的重要指示,全面贯彻落实"七五"普法规划和全国人大常委会决议,全国"七五"普法学习读本编写组编写了《社区居民以案释法读本》。

书中如有疏漏,敬请批评指正。

全国"七五"普法学习读本编写组

2018年5月

图书在版编目(CIP)数据

社区居民以案释法读本 / 全国“七五”普法学习读本编写组编. -- 北京 : 法律出版社, 2018
ISBN 978-7-5197-2079-7

Ⅰ. ①社… Ⅱ. ①全… Ⅲ. ①案例-中国-普及读物
Ⅳ. ①D920.5

中国版本图书馆 CIP 数据核字(2018)第 052811 号

社区居民以案释法读本
SHEQU JUMIN YIANSHIFA DUBEN

全国“七五”普法学习读本编写组 编

策划编辑 刘 旭 肖 越
责任编辑 刘 旭 肖 越
装帧设计 汪奇峰

出版 法律出版社
总发行 中国法律图书有限公司
经销 新华书店
印刷 天津嘉恒印务有限公司
责任校对 杨锦华
责任印制 沙 磊

编辑统筹 综合出版分社
开本 710 毫米×1000 毫米 1/16
印张 14.5
字数 181 千
版本 2018 年 5 月第 1 版
印次 2018 年 5 月第 1 次印刷

法律出版社/北京市丰台区莲花池西里 7 号(100073)
网址/www.lawpress.com.cn
投稿邮箱/info@lawpress.com.cn
举报维权邮箱/jbwq@lawpress.com.cn
销售热线/010-63939792
咨询电话/010-63939796

中国法律图书有限公司/北京市丰台区莲花池西里 7 号(100073)
全国各地中法图分、子公司销售电话:
统一销售客服/400-660-6393
第一法律书店/010-63939781/9782 西安分公司/029-85330678 重庆分公司/023-67453036
上海分公司/021-62071639/1636 深圳分公司/0755-83072995

书号:ISBN 978-7-5197-2079-7 **定价**:38.00 元
(如有缺页或倒装,中国法律图书有限公司负责退换)